现代学徒制教学改革的探索与实践

张科强 池雄飞 郝霄鹏 著

化学工业出版社

·北京·

内容简介

本书是在教育部提出"总结现代学徒制试点经验,全面推广现代学徒制"背景下,结合鄂尔多斯职业学院在现代学徒制试点实践过程中积累的经验和初步成果总结撰写而成的,主要内容包括现代学徒制教学改革开展概况、校政企行协同育人机制的探索与实践、招生招工一体化的探索与实践、现代学徒制人才培养开发的探索与实践、校企互聘共用"双导师"队伍的探索与实践、建立现代学徒制管理体系的探索与实践六方面,深入浅出地介绍了现代学徒制工作的研究思路和探索方法。

本书可供高职院校及相关机构从事现代学徒制工作研究的教师等参考。

图书在版编目(CIP)数据

现代学徒制教学改革的探索与实践 / 张科强,池雄飞,郝霄鹏著. -- 北京:化学工业出版社,2025.3.
ISBN 978-7-122-47469-8

Ⅰ. G719.2

中国国家版本馆CIP数据核字第2025P3U946号

责任编辑:宋 薇　　　　装帧设计:张 辉
责任校对:刘曦阳

出版发行:化学工业出版社
　　　　(北京市东城区青年湖南街13号　邮政编码100011)
印　装:涿州市般润文化传播有限公司
710mm×1000mm　1/16　印张13 1/4　字数215千字
2025年4月北京第1版第1次印刷

购书咨询:010-64518888　　　　售后服务:010-64518899
网　　址:http://www.cip.com.cn
凡购买本书,如有缺损质量问题,本社销售中心负责调换。

定　价:68.00元　　　　　　　　　　版权所有　违者必究

前　言

2017年8月,教育部印发《教育部办公厅关于公布第二批现代学徒制试点和第一批试点年度检查结果的通知》(教职成厅函〔2017〕35号),鄂尔多斯职业学院被教育部确定为第二批现代学徒制试点单位。其中应用化工技术、汽车运用与维修技术、建筑室内设计和酒店管理四个专业被确定为现代学徒制试点专业。各试点专业严格按照《教育部"现代学徒制"试点工作任务书》的要求,经过两年多探索和实践,完成了各项建设任务,实现了预期建设目标,并全部顺利通过第二批试点验收。

2019年教育部下发《教育部办公厅关于全面推进现代学徒制工作的通知》(教职成厅函〔2019〕12号),提出要"总结现代学徒制试点经验,全面推广现代学徒制"。同时,为贯彻落实《国家职业教育改革实施方案》,实施好《职业教育提质培优行动计划(2020—2023年)》,2020年,鄂尔多斯职业学院张科强主持内蒙古自治区提质培优项目《建立职业学校人才培养方案公开制度》,本课题的重点任务是将四个试点专业现代学徒制建设经验进行梳理总结,并将改革成果经验推广到其他专业建设中。

根据鄂尔多斯职业学院开展教育部第二批现代学徒制试点专业改革的经验、成果和职业教育提质培优行动计划项目《建立职业学校人才培养方案公开制度》的研究成果撰写了本书。全书共 6 章：第 1 章，现代学徒制教学改革开展概况。主要介绍国内外现代学徒制状况、开展现代学徒制的目标和内容、研究基础与现状、开展过程与方法。第 2 章，校政企行协同育人机制的探索与实践。主要包括现代学徒制协同育人机制的运行模式分析，探索建立校企协同育人长效机制、探索工学交替校企协同育人的人才培养模式、探索校企共建共享教学资源。第 3 章，招生招工一体化的探索与实践。主要包括现代学徒制招生招工模式分析、探索校企联合招生招工方案、探索学徒权益保障机制。第 4 章，现代学徒制人才培养开发的探索与实践。主要包括典型职业教育教学标准开发模式分析；探索现代学徒制专业人才培养方案的开发，主要从专业调研、职业能力分析、现代学徒制课程体系的构建、人才培养方案的构建等方面做了详细介绍；探索现代学徒制课程标准开发，主要从现代学徒制课程标准开发思路与流程、编制课程教学目标、编制学习项目与任务、设计教学活动、编制考核方案、核心课程标准示例等方面做了详细介绍。第 5 章，校企互聘共用"双导师"队伍的探索与实践。主要包括"双导师"制度介绍、"双导师"队伍选拔、"双导师"队伍的建设。第 6 章，建立现代学徒制管理体系的探索与实践。主要包括现代学徒制管理体系分析、建立现代学徒制教学管理制度、落实弹性学分制、建立多元化评价体系。

全书第 1 章和第 5 章由鄂尔多斯职业学院池雄飞编写，第 2 章由鄂尔多斯职业学院池雄飞、于小龙和鄂尔多斯生态环境职业学院徐丽编写，第 3 章和第 6 章由鄂尔多斯职业学院张科强编写，第 4 章由鄂尔多斯职业学院张科强、盖彦青和鄂尔多斯生态环境职业学院石艳玲编写。全书由张科强、朱志鑫、郝霄鹏负责统稿。感谢鄂尔多斯职业学院四个现代学徒制试点专业建设团队教师和团队负责人盖彦青、于小龙、范建明、何宝明为本书提供案例和帮助指导，感谢现代学徒制改革合作企业的帮助和指导。

《现代学徒制教学改革的探索与实践》编写的初衷是，希望编写团队所总结的经验能为开展现代学徒制改革的院校和企业提供参考，旨在帮助读者结合自身所在地域的产业特点，探索出更多、更好的现代学徒制运行模式。

限于时间和精力，书中若有不妥之处，敬请指正。

著者

目 录

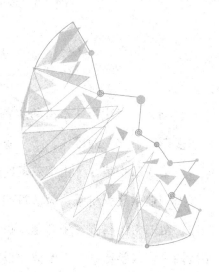

第 1 章　现代学徒制教学改革开展概况 ———————— 001

1.1　国内外现代学徒制状况 ———————————— 002
1.1.1　国外现代学徒制状况 ———————————— 003
1.1.2　国内现代学徒制状况 ———————————— 008

1.2　开展现代学徒制的目标和内容 ———————————— 012
1.2.1　开展现代学徒制的目标 ———————————— 012
1.2.2　开展现代学徒制的内容 ———————————— 014

1.3　研究基础与现状 ———————————————— 015

1.4　开展过程与方法 ———————————————— 018
1.4.1　开展过程 ———————————————— 018
1.4.2　开展方法 ———————————————— 020

第 2 章　校政企行协同育人机制的探索与实践 ———————— 023

2.1　现代学徒制协同育人机制的运行模式分析 ———————— 024
2.1.1　酒店管理专业协同育人机制 ———————————— 025

  2.1.2 汽车运用与维修技术专业协同育人机制 ·················· 030

  2.1.3 应用化工技术专业协同育人机制 ························ 033

 2.2 探索建立校企协同育人长效机制 ······························· 035

  2.2.1 建立校企协同育人约束与激励机制 ······················ 035

  2.2.2 建立协同育人成本分担机制 ······························· 037

 2.3 探索工学交替校企协同育人的人才培养模式 ················ 038

 2.4 探索校企共建共享教学资源 ·· 041

第3章 招生招工一体化的探索与实践 —— 045

 3.1 现代学徒制招生招工模式分析 ···································· 046

  3.1.1 招生招工模式实施情况分析 ······························· 046

  3.1.2 创新招生招工方式 ·· 049

 3.2 探索校企联合制定招生招工方案 ································· 049

  3.2.1 校企联合招生招工的目标任务 ···························· 049

  3.2.2 校企联合招生招工的组织实施 ···························· 050

 3.3 探索学徒权益保障机制 ··· 054

  3.3.1 明确学徒培养过程和成长路径 ···························· 054

  3.3.2 签署三方协议，切实保障学生权益 ······················ 055

第4章 现代学徒制人才培养开发的探索与实践 —— 057

 4.1 典型职业教育教学标准开发模式分析 ·························· 058

  4.1.1 德国"双元制"开发模式 ···································· 058

  4.1.2 中国现代学徒制人才培养标准开发模式 ················ 059

4.2 探索现代学徒制专业人才培养方案的开发 ·················· 061
  4.2.1 专业调研 ·················· 061
  4.2.2 职业能力分析 ·················· 064
  4.2.3 课程体系的构建 ·················· 067
  4.2.4 人才培养方案的构建 ·················· 071

4.3 探索现代学徒制课程标准开发 ·················· 076
  4.3.1 现代学徒制课程标准开发思路与流程 ·················· 076
  4.3.2 编制课程教学目标 ·················· 078
  4.3.3 编制学习项目与任务 ·················· 085
  4.3.4 设计教学活动 ·················· 087
  4.3.5 编制考核方案 ·················· 091
  4.3.6 核心课程标准示例 ·················· 098

第5章 校企互聘共用"双导师"队伍的探索与实践 —— 101

5.1 "双导师"制度 ·················· 102

5.2 "双导师"队伍选拔 ·················· 104

5.3 "双导师"队伍的建设 ·················· 107
  5.3.1 "双导师"队伍的管理 ·················· 107
  5.3.2 "双导师"队伍的培养 ·················· 108
  5.3.3 "双导师"队伍的考核与激励 ·················· 111

第6章 建立现代学徒制管理体系的探索与实践 —— 117

6.1 现代学徒制管理体系分析 ·················· 118

6.2 建立现代学徒制教学管理制度 ·················· 120

  6.2.1 深化校企合作内容，提升校企协作管理水平 ………… 120
  6.2.2 教学管理顶层设计 …………………………………………… 122
  6.2.3 构建实践教学管理体系 ……………………………………… 123
  6.2.4 构建教学质量监控机制 ……………………………………… 125
 6.3 落实弹性学分制 …………………………………………………… 129
 6.4 建立多元化评价体系 ……………………………………………… 131
  6.4.1 目前高职院校学生评价的特点和主要问题 ……………… 131
  6.4.2 现代学徒制对学生评价的探讨 …………………………… 132
  6.4.3 现代学徒制多元化学生评价体系构建 …………………… 134

附录 1 现代学徒制人才培养三方协议书 ————————— **136**

附录 2 现代学徒制双导师队伍建设管理办法 ——————— **137**

附录 3 酒店管理专业师傅管理办法 ————————————— **138**

附录 4 现代学徒制试点师傅与学徒协议 ——————————— **139**

附录 5 现代学徒制试点专业学生实习管理办法 ——————— **140**

附录 6 现代学徒制人才培养方案示例 ———————————— **141**

附录 7 课程标准示例 ——————————————————— **167**

附录 8 带教指南示例 ——————————————————— **176**

参考文献 ————————————————————————— **201**

第1章

现代学徒制教学改革开展概况

1.1 国内外现代学徒制状况

2014年6月，国务院发布了《关于加快发展现代职业教育的决定》，提出我国职业教育事业快速发展，体系建设稳步推进，培养培训了大批中高级技能型人才。职业教育为推动经济社会发展和促进就业作出了重要贡献。但当前职业教育还存在诸多不足，如结构不尽合理、质量有待提高、办学条件薄弱、体制机制不畅。加快发展现代职业教育，是党中央、国务院提出的重大战略部署。对于深入实施创新驱动发展战略，创造更大人才红利，加快转方式、调结构、促升级，具有十分重要的意义。

2014年8月，教育部就开展现代学徒制试点工作提出意见，要求充分认识试点工作的重要意义。现代学徒制有利于促进行业、企业参与职业教育人才培养全过程，实现专业设置与产业需求对接、课程内容与职业标准对接、教学过程与生产过程对接、毕业证书与职业资格证书对接、职业教育与终身学习对接，提高人才培养质量和针对性。建立现代学徒制是职业教育主动服务当前经济社会发展的要求，推动劳动就业体系和职业教育体系相互发展，建立和拓宽技术技能人才培养及成长通道。现代学徒制是深化产教融合、校企合作，推进工学结合、知行合一的有效途径；是全面实施素质教育，提高职业技能和培养职业精神的有效抓手。现代学徒制也是培养学生社会责任感、培养创新创业精神、培养实践能力的重要手段。

现代学徒制是将职业院校的教学与企业实践工作相结合的教学模式，完成校企协同育人、共同培养人才的一种新型职业教育形式。现代学徒制是政府主导、行业组织指导、校企协同育人积极合作、学生参与的新型职业教育思想。现代学徒制由学校企业协同育人积极合作，传授学生理论知识和实践技能，体现了政、校、行、企共同参与的现代学徒制校企协同育人运行机制和运行模式。校企协同育人的人才培养模式，不仅为社会经济发展培养高质量高技能人才，而且对缓解严峻的社会就业形势有着非常重要的意义。

1.1.1 国外现代学徒制状况

现代学徒制在欧美国家开展得较早，如英国、德国等国家。英国的学徒制教育具有悠久的历史，1993年英国从传统学徒制转为现代学徒制，2006年英国将高等学徒制纳入现代学徒制体系。由于产业结构转型升级及脱欧的影响，英国高层次技能人才面临短缺的困境。2015年，英国推进学位学徒制模式，在自动化技术、建筑工程等多个专业开展学位学徒制。2017年，英国正式将学位学徒制纳入学徒制体系。

1.1.1.1 英国现代学徒制现状

当前，英国已基本形成了层级健全、等级分明的现代学徒制体系，等级分别对应国家资格2—7级，中级学徒制对应2级，高级学徒制对应3级，高等学徒制对应4—7级。其中，学位学徒制对应的是6级和7级，指的是学士和硕士两个层次。英国学位学徒制是由雇主主导的，雇主与大学、专业机构合作开发，将工作与兼职学习相结合，学生无须支付学费就可以拿到学位。英国学位学徒制体现了高等精英综合型大学、研究型大学、大学协会和教育集团广泛参与的特点，参与学位学徒制大学规模由2017年的60余所增加至2019年的100余所，包括剑桥大学、伯明翰大学等研究型大学，以及以罗素为代表的教育集团等。大学高质量参与学位学徒制实施，针对岗位任职要求创新性地设计课程体系、开发课程，实施和非学徒制学生一样的严格考核，采用线上课程学习和工作岗位实践等多种灵活方式开展全日制学位学徒学历教育。英国学位学徒制中参与企业也较为广泛，涉及30多个行业领域的国企、跨国企业及中小企业等，包含劳斯莱斯、葛兰素史克等知名企业。其中大学等教育机构负责学徒基本理论和文化知识的传授，企业主要负责学徒岗位技能的培训。学徒期间，20%的时间必须在大学或其他教育机构学习，80%的时间在公司培训，每周至少保持30小时工作时长。培训可以每周、每月交替进行，或者安排在单独的一个时间段进行。学徒期需3到6年完成。学徒通过第三方评估后，可以获得与全日制毕业生相同价值的学士和硕士学位。学位学徒制促进了英国普通教育和职业教育的等值融通。自推出以来，数量迅速增长，根据英国2021年3月学徒制的数据报告，尽管2019—2020学年学徒制总人数下降，但学位学徒制的人数比例持续提升，学徒制的人数占比如图1-1所示。

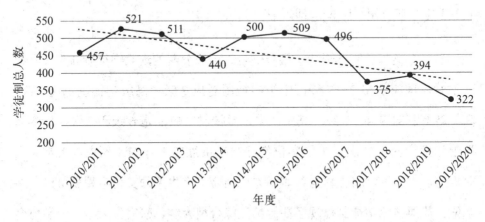

图1-1 英国学徒制的人数占比

参与学徒制的人数中，女性一直处于较高比例，学位学徒制吸纳了更多女性进入STEM（科学、技术、工程、数学）职业领域。学位学徒制促使更多的学徒获得了工作、加薪和升职机会，为弱势背景学生和较低社会经济地位的人获得高等教育资格提供了重要途径，有利于打破阶层壁垒，促进社会公平。

1.1.1.2 德国现代学徒制现状

德国现代学徒制模式可追溯至 20 世纪 20 年代，其高层次现代学徒制主要表现为"双元制大学"（Dale Schedule）。由于经济社会发展和产业结构转型升级，对劳动者的技术技能提出了更高要求。为缓解高层次技术技能人才培养与需求之间的矛盾，德国的新型本科层次职业院校——"双元制"大学应运而生，实现了"双元制"向高等教育领域的迁移。2009 年，戴姆勒-奔驰股份有限公司等企业与以斯图加特行政与经济学院为代表的高校联合成立了巴登符腾堡州立职业学院（Dale Schedule Baden-Battenberg，简称 DHBW）。这是德国第一所"双元制"大学，也是德国"双元制"大学建立与运行的典型范例，共设有 9 个校区和 3 个分校，与西门子、奔驰等 10000 多家企业建立了合作伙伴关系，即"双元制伙伴"关系。目前"双元制"大学模式广受认可，已有 60 多所类似的机构，主要集中在应用科技大学、双元制学院、职业学院和少量综合性大学等。

德国"双元制大学"以注重实践为核心特征。在"双元制大学"模式下，政府和企业共同为职业教育培训提供政策、经费支持，职业院校与企业深度合作，学生兼具学徒身份。学徒制实施过程：企业发布岗位—进行面试录取—与学徒签订国家统一的合约。学生需要向企业提出申请，企业认为能满足其岗位期待才会获得批准；学徒录取后，在企业进行技能学习与实践训练，在学校进行支撑职业技能的基础理论学习，两者相互衔接、交替进行，每周在企业和学校培训学习时间分别为 60% 和 40%；学徒不仅可以学习专业理论知识，还能参与企业实际生产过程、积累实际工作经验，取得工作需要的方法能力和社会能力。学徒完成学业后，可获得国际认可的学士和硕士学位证书以及相应资格证书。德国联邦教育研究所每年的《职业教育培训报告》显示：参与高层次学徒培养的企业、学校和学徒人数近年来总体上呈现上升趋势。根据德国学术交流中心（Deutschmark Scheherazade Exhaustiveness，DAAD）资料分析，"双元制大学"毕业生在就业市场上广受欢迎，80% 以上学业结束后会选择到签约企业工作，就业稳定性高。德国"双元制大学"模式的实施，为政府、企业和学徒都带来了巨大收益，使其面临的结构性失业得到缓解，助推了德国制造业的快速发展，为其工业发展提供了重要的高层次技术技能人才支撑。

1.1.1.3　美国现代学徒制现状

美国 1937 年颁布了《国家学徒制法案》（National Apprenticeship Act）。进入 21 世纪以来，美国学徒制进入改革发展阶段。面对产业转型、人才需求结构变化以及智能化、数字化先进制造业转变，2014 年建立了"注册学徒制与院校联盟"（the Registered Apprenticeship College Consortium，RACC），强化行业、企业与学校之间的联系，拓宽学徒升学渠道；2017 年提出"扩张学徒制"计划，发展智能制造产业及行业急需的学徒；2019 年美国劳工部（Department of Labor，DOL）推出"行业认可学徒计划"，提出行业认可的学徒制 6 个方面的核心要素；2021 年美国最新修订的《国家学徒制法案》中提出：5 年内投资 35 亿美元用于扩大注册学徒制、青年学徒制等，打造企业与社区学院和高等教育机构合作联合体。美国注册学徒制结合了企业岗位在职培训与社区学院的理论教学，让学徒学习高技能职业岗位所需的理论知识和实践技能。雇主或行业工会以及学校等教育机构均可以通过注册项目形式发起注册学徒计划，通常是联合发起，经州立学徒制机构或劳工部学徒制管理部门注册备案，雇主与学徒签署学徒制协议，雇主、社区学院及教育机构对学徒进行联合培养。通过"注册学徒制与院校联盟"以及"扩大学徒制计划"，学徒还可向社区学院提出申请攻读副学士及学士学位，达到相应学分要求以及获得副学士学位后，就可以选择申请进入应用型大学或学术型大学继续学习，从而继续获得高层次学位。美国重点发展关键领域高质量学徒制项目，将学徒制从传统领域扩展到智能制造、清洁能源、技术制造及医疗保健等新的行业和部门。2021 年，美国众议院通过《2021 年全国学徒制法案》，拟投入数十亿美元，用于创建和扩大注册学徒制、青年学徒制和学徒计划，创造近 100 万个新的学徒岗位。美国高层次现代学徒制的主要参与方为社区学院，对考核合格的学徒授予副学士/学士学位。2020 年，美国在硕士学位学徒制的实践方面进行了积极探索，在亚拉巴马农工大学开展第一个硕士学位注册学徒制，领域为社会工作。学生完成学徒计划后，可获得亚拉巴马州心理健康部颁发的目标案例管理（TCM）证书、该州委员会执照、社会工作硕士学位。2018—2020 年，美国学徒制的参与人数每年新增超过 22 万。2020 年受到疫情影响，学徒人数下降了 12%，但仍是注册学徒制有史以来人数第三高。美国现代学徒制的注册人数如图 1-2 所示。

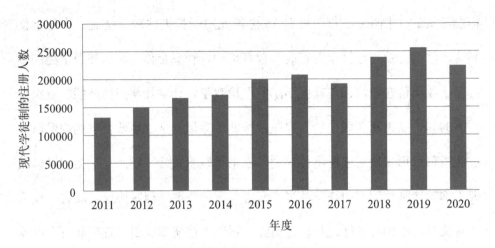

图 1-2　美国现代学徒制的注册人数

1.1.2　国内现代学徒制状况

现代学徒制是教育部根据《国务院关于加快发展现代职业教育的决定》，借鉴西方学徒制经验在我国职业教育领域推行的一项试验，以校企双重主体育人为根本，以"学生""学徒"双重身份为保证，以岗位成才为路径，是一种全新的深层次职业教育工学结合人才培养形式。

20 世纪 50 年代，我国在职业院校中开展"半工半读"的教育形式，此为现代学徒制的初步尝试。2005 年，教育部把 107 所职业院校确定为半工半读试点院校，并提出在人才培养过程中实施工学结合的教育管理方式。这是从传统的学徒制向现代学徒制转变的具体经典做法，也是当时特定社会环境下学徒制的具体表现。2010 年，教育部印发了《国家中长期教育改革和发展规划（2010—2020）》，指出以就业为目标，实施校企合作、工学结合，为我国职业教育改革指引了方向，提出的校企合作制度为现代学徒制的实行提供了重要保障。2013 年，教育部首次提出"现代学徒制"，并号召企业、行业、政府主动参与职业教育人才培养过程，与职业院校共同培养符合市场需求的技术技能型人才。2015年，教育部分两批布局了364个现代学徒制试点，覆盖600多个专业点、5万余名学生（学徒）。试点工作注重顶层设计、坚持系统谋划，按照牵头单位性质分为地市级政府牵头、行业牵头、企业牵头、职业院校牵头四种类型，鼓励创新机制、先行先试，切实提高学生培养的针对性和适用性，解决学校教育与企业用人"两张皮"的问题。已布局的试点中，政府牵头的19个，重点探索地方实施现代学徒制的支持政策和保障措施；行业牵头的14个，侧重开发规范和保证现代学徒制实施的各类标准；企业牵头的13个，重点探索企业参与现代学徒制的有效途径、运作方式和激励机制；院校牵头的318个，重点探索现代学徒制的人才培养模式和管理制度。分类推进试点尊重基层首创精神、激发创新活力，在政策、保障、模式、机制、标准等多个方面已实现了重点上的突破。2018年，教育部公布了第三批试点并对首批试点进行验收，通过梳理成果、推广经验，优化政策供给、推进"双主体"育人机制，把中国特色现代学徒制的培养推向深入。在此基础上，我国陆续进行了第三批试点工作，共有562家单位参与。2019年1月，国务院发布了《国家职业教育改革实施方案》，为进一步推进我国现代学徒制相关工作提出了新的要求。

《中共中央关于制定国民经济和社会发展第十四个五年规划和二〇三五年远景目标的建议》提出，要"加大人力资本投入，增强职业技术教育适应性，深化职普融通、产教融合、校企合作，探索中国特色学徒制，大力培养技术技能人才"。

学徒制由来已久，是在学校教育普及之前人类社会技术传承的主要手段。现代学徒制是教育部根据《国务院关于加快发展现代职业教育的决定》，借鉴西方学徒制经验而在我国职业教育领域推行的一项试验，以校企双重主体育人为根本，以"学生""学徒"双重身份为保证，以岗位成才为路径，是一种全新的深层次职业教育的工学结合人才培养形式。现代学徒制有利于促进行业、企业参与职业教育人才培养全过程，提高人才培养质量和针对性。我国在"十四五"时期将进一步强化各级政府统筹职业技术教育发展的责任，端正职业技术院校和教育培训机构办学方向，引导行业企业及社会各界支持职业技术教育。中国特色学徒制的建立和完善，将为抢占并巩固全球人才竞争制高点，全面建设社会主义现代化国家做好人力资源深度开发的基础准备。

据统计，2015年至2020年上半年，全国范围内共有562个单位参与现代学徒制试点，覆盖了1000多个专业点，每年惠及9万余名学生（学徒）。不过，我国高端技术人才的缺口仍然较大，"十四五"时期，探索中国特色学徒制要面向社会需求进行体系建构，大力培养技术技能人才，增强职业技术教育适应性。

"十四五"以来，我国经济进入提挡加速关键期，新经济、新业态、新模式发展迅猛，各类高素质技术技能型人才紧缺问题凸显，深化产教融合、校企合作，充分发挥企业优势和育人主体作用，以高质量学徒制推动产业高质量发展已成为职业教育面临的新课题、新任务。新《中华人民共和国职业教育法》为中国特色学徒制推行奠定了法律基础，明确了政策支持基本导向。如新《中华人民共和国职业教育法》提出的"引导企业按照岗位总量的一定比例设立学徒岗位"，能够解决学徒岗位不足的问题，也有利于推动完善行业企业学徒岗位标准。"对参与学徒培养的有关企业，可以按照规定享受补贴"等举措，无疑有利于降低企业参与成本，增强企业参与积极性。而对"企业与职业学校联合招收学生，以工学结合的方式进行学徒培养的，应当签订学徒培养协议"，则有利于保障学徒的基本权益。另外，发展职业教育本科，为开展高层次的学徒制奠定基础，无疑能大幅增强学徒制的吸引力。推行中国特色学徒制，要优先在新技术、高端技术等产业领域开展探索。加强学徒制的项目设计与管理，深化理论研究与实践探索，形成可推广的实施内容、路径及典型经验，带动学徒制向高质量高层次发展，应成为探索的重点内容。推行中国特色学徒制，要加快形成良好的工作推进机制：在政策层面，各地方政府应在新《中华人民共和国职业教育法》的指导下，进一步细化落实相关支持政策；各部门应加强协同，打好政策"组合拳"，增强参与学徒制的各方特别是企业的动力和能力。在管理层面，建立健全省级层面学徒制管理机构，协同相关行业组织健全学徒制标准，加快完善学徒制的质量监管体系，并打通学徒制中高本衔接和分级培养。在操作层面，健全校企合作培养机制，完善"双导师"的选拔、认定和使用方式，并在师资结构上形成以校企带头人、学校骨干教师、企业培训师、企业一线技术骨干和管理骨干等人员为基础的教学团队。

学徒制要适应国家经济社会发展需要。中国特色学徒制是针对职业教育中学生所学滞后于社会需求开出的一剂良方。让职业教育"长入"经济、汇入生活、融入文化、深入人心，是"十四五"时期职业教育的发展方向。中国特色学徒制，要以创新创业能力培养为引领，让徒弟在师傅的带领下逐步从掌握传统技能知识到具备创新创业创造、解决实际问题等综合能力。探索以应用为核心导向的人才培养模式，拓展到包括人文社会科学在内的更多专业和行业领域，为经济社会发展提供全方位支撑。

学徒制要形成体系性的评价标准。伴随着5G、人工智能等技术加速发展，新时代职业技术教育应关注如何满足终身学习的需要。修订《中华人民共和国职业教育法》，规定全国统一的职业技术教育办学标准，为开展学徒制培训提供标准化遵循，提高职业技术教育教学质量、教学实践，形成一套成熟的、可操作的评价体系。建立纵横交叉的管理体系，明确组织管理机构及其职责，使中国特色学徒制落地见效，有效保障学徒制高质量发展。

学徒制要融合职业教育和普通高等教育。搭建我国职业技术教育和普通教育双向沟通的"立交桥"，推动各类学习型组织建设，建立健全国家资历框架和国家学分银行制度，推进职业技能等级证书和学历证书互通衔接，畅通多种成长成才新路径，逐渐形成能够覆盖人的全生命周期的学习型社会的"四梁八柱"。通过推动教育界与产业行业界形成合力，实现学历学位证书和职业资格证书有机联动、教育体系与培训体系相互融通，在纵横贯通的一体化框架体系下，实现广义上"同等学力"流动与互认。在教育理念、对象来源、培养模式、课程设置、学习年限、成绩评定等方面进一步增强灵活性和开放性，以更充分满足个人、行业企业以及经济社会发展的需要。

另外，要加强宣传，加深社会对学徒制的认识和共识，推动中国特色学徒制高效落地。

1.2 开展现代学徒制的目标和内容

1.2.1 开展现代学徒制的目标

开展现代学徒制的目标，应以习近平新时代中国特色社会主义思想为指导，全面贯彻党的教育方针，落实立德树人根本任务，深化产教融合、校企合作、工学结合的育人机制和多方参与的质量评价机制，深入推进教师、教材、教法改革，总结现代学徒制试点成功经验和典型案例，在国家重大战略和区域支柱产业等相关专业中，全面推广政府引导、行业参与、社会支持、企业和职业学校协同育人的中国特色现代学徒制。

开展现代学徒制应以市场人才需求为导向,明确培养目标。传统的职业教育虽然为我国的职业教育事业培养了大批的人才,但以学校为主体的培养模式已不能满足当前社会高速发展和企业的发展需求,因此,引入企业开展现代学徒制,实行"双导师"教学,有利于培养具有理论与实操技能的高素质专业技能型人才。

(1) 知识目标

应掌握通识基础理论课程、专业基础课程、专业综合课程,具有探究学习、终身学习和可持续发展的能力。

① 具有职业道德、法律、人文社会科学、英语、计算机、分析计算、心理健康等知识,能正确地分析形势与政策。

② 掌握本专业所需的专业知识、基本原理、标准及方法。

(2) 能力目标

能力目标是现代学徒制的人才培养模式的重点,要求学生能在现代学徒制的人才培养的教学过程中具备与职业岗位要求相符的操作技术和相关综合能力,能够独立完成产品生产,能够达到国家规定的职业能力鉴定要求。

(3) 素质目标

素质目标是从事职业岗位所需的"安全意识、工作态度、合作精神"等综合素质,是完成工作任务必须具备的品质。素质目标强调所培养出来的个体必须言行端正、人格健全,还要具有一定的创新意识。创新意识是现代学徒制人才培养的一个关键内容,这一点能使培养出来的个体区别于其他个体,是现代学徒制人才培养的主要技能目标。

1.2.2 开展现代学徒制的内容

（1）推进招生与招工一体化

招生与招工一体化是开展现代学徒制试点工作的基础。各地要积极开展"招生即招工、入校即入厂、校企联合培养"的现代学徒制试点，加强对中等和高等职业教育招生工作的统筹协调，扩大试点院校的招生自主权，推动试点院校根据合作企业需求，与合作企业共同研制招生与招工方案，扩大招生范围，改革考核方式、内容和录取办法，并将试点院校的相关招生计划纳入学校年度招生计划进行统一管理。

（2）深化工学结合人才培养模式改革

工学结合人才培养模式改革是现代学徒制试点的核心内容。各地要选择开展现代学徒制的培养专业，引导职业院校与合作企业根据技术技能人才成长规律和工作岗位的实际需要，共同研制人才培养方案、开发课程和教材、设计实施教学、组织考核评价、开展教学研究等。校企双方签订合作协议，职业院校承担系统的专业知识学习和技能训练；企业通过师傅带徒弟的形式，依据培养方案进行岗位技能训练，真正实现校企一体化育人。

（3）加强"双导师"师资队伍建设

校企共建师资队伍是现代学徒制试点工作的重要任务。现代学徒制的教学任务必须由学校教师和企业师傅共同承担，形成"双导师"制度。校企双方密切合作，打破现有教师编制和用工制度的束缚，探索建立教师流动编制或设立兼职教师岗位，加大学校与企业之间人员互聘共用、双向挂职锻炼、横向联合技术研发和专业建设的力度。合作企业要选拔优秀高技能人才担任师傅，明确师傅的责任和待遇。师傅承担的教学任务应纳入考核，并可享受带徒津贴。试点院校要将指导教师的企业实践和技术服务纳入教师考核，并作为晋升专业技术职务的重要依据。

（4）形成与现代学徒制相适应的教学管理与运行机制

科学合理的教学管理与运行机制是现代学徒制试点工作的重要保障。切实推动试点院校与合作企业根据现代学徒制的特点，共同建立教学运行与质量监控体系，共同加强过程管理。指导合作企业制定专门的学徒管理办法，保证学徒基本权益；根据教学需要，合理安排学徒岗位，分配工作任务。试点院校要根据学徒培养工学交替的特点，实行弹性学制或学分制，创新和完善教学管理与运行机制，探索全日制学历教育的多种实现形式。试点院校和合作企业共同实施考核评价，将学徒岗位工作任务完成情况纳入学业考核范围。

1.3 研究基础与现状

（1）研究基础

2017年8月，教育部印发《教育部办公厅关于公布第二批现代学徒制试点和第一批试点年度检查结果的通知》（教职成厅函〔2017〕35号），鄂尔多斯职业学院被教育部确定为第二批现代学徒制试点单位。学院确定应用化工技术、汽车运用与维修技术、建筑室内设计和酒店管理为现代学徒制试点专业。

学院开展现代学徒制试点工作以来，开展现代学徒制试点的四个专业严格按照学院《教育部"现代学徒制"试点工作任务书》的要求，有序推进试点工作,完成了各项建设任务,实现了预期建设目标。

(2)完成现状

鄂尔多斯职业学院在现代学徒制试点改革中,在校企协同育人、招生招工一体化、人才培养、师资队伍建设、现代学徒制管理制度等方面取得了一定的经验。表1-1为鄂尔多斯职业学院现代学徒制试点工作完成情况。

表1-1 鄂尔多斯职业学院现代学徒制试点工作完成情况

建设内容	预期目标与任务完成情况		任务完成度(%)
	预期目标	任务完成情况	
1.校企协同育人机制	按照各学徒制试点专业的人才培养目标,扩大各专业学徒制工作开展合作企业,校企联合研究团队加大研究力度,完善校企协同育人机制;校企合作修订各专业现代学徒制人才培养方案;继续完善已建成的4个实践教学基地,进一步拓展校外实践基地	学生(家长)、学院和企业签订了三方或四方协议;各专业负责人深入企业进行基于现代学徒制的人才培养模式调研,形成调研报告;各专业制定出了现代学徒制人才培养方案;校企共建校外实践教学基地11个	100
2.招生招工一体化	完善校企联合招生工作机制,修订校企联合招生招工实施方案,进一步规范学院、企业、学生(学徒)三方协议。完善校企网络信息平台,建立学院、企业和学生家长信息通报制度,建立学生(学徒)培养档案。继续加强各专业学徒制招生招工一体化建设,录取60~70名学生	修订了《校企联合招生招工管理办法》、各专业招生简章;建立了各专业学徒录取考试题库;建立了学生的学籍档案、学生(学徒)培养档案。录取学徒130名	100

续表

建设内容	预期目标与任务完成情况		任务完成度（%）
	预期目标	任务完成情况	
3. 人才培养制度和标准	实施"校企联动、工学交替"的人才培养模式，完善并修订4个试点专业人才培养方案和专业教学标准；重构课程体系，校企共同开发项目化课程4门，制定相应课程标准，建设配套教学资源库，编制项目化教材4本；改革考核评价模式，修订学生（学徒）评价与考核标准，职业资格证书获取率达95%	制定出专门化的现代学徒制人才培养方案；制定现代学徒制专业教学标准和核心课程标准。校企合作开发项目化课程21门、校本项目化教材18本、教学资源库4个；建立企业顶岗实习制度和考核标准；进一步完善基于工作过程的实习、实训基地运行机制	100
4. 校企互聘共用的师资队伍	完善外聘教师管理办法，扩大外聘教师库；完善"双导师"管理制度、校企师资互通制度，继续实施教师下企业实习培训工作，组织6~7人次下企业顶岗实践，组织学院教师与企业能工巧匠结对子，参与企业生产、技改项目等活动3项；开展企业现场教研活动、企业项目研究开发和实践等5~6次，进一步提升企业师傅的执教水平和学院教师的实践操作能力；校企共同制定学院教师和企业师傅工作考核办法，提高教师和企业师傅参与的积极性	聘任现代学徒制试点双导师105名，形成现代学徒制混编教学团队；加强"双导师"培训，每半年送学校导师到企业参加培训；学校导师下企业实践、参与企业项目研发、进行企业课题攻关，课题共6项	100

续表

建设内容	预期目标与任务完成情况		任务完成度（%）
	预期目标	任务完成情况	
5.建立体现现代学徒制特点的管理制度	形成完善的现代学徒制教育教学管理制度，为实施现代学徒制过程提供制度保障	（1）成立了现代学徒制试点工作领导小组和工作小组，统筹协调和指导现代学徒制的各项工作 （2）完善《现代学徒制专业教学质量监控管理办法》 （3）制定《准员工顶岗实习考核办法》 （4）制定《准员工转为员工（毕业）制度》 （5）完善《现代学徒制企业师傅管理办法》。学校与企业签订了《现代学徒制校企合作框架协议书》 （6）出台了《鄂尔多斯职业学院现代学徒制试点专业管理办法》《鄂尔多斯职业学院现代学徒制专业学生实习管理办法》《鄂尔多斯职业学院现代学徒制双导师队伍建设管理办法》，推进现代学徒制的人才培养工作	100

1.4 开展过程与方法

1.4.1 开展过程

鄂尔多斯职业学院为了深化教育教学改革，积极响应教育部开展的现代学徒制试点工作，推进现代学徒制工作，鄂尔多斯市政府组织召开了产教融合校企合作推进大会，并结合学院专业设置成立了化工职教集团、汽车职教集团、智能制造职教集团等多个职教集团和职教研究所开展学徒制工作。

（1）成立现代学徒制试点工作领导小组，统筹协调和指导现代学徒制的各项工作

学院在现代学徒制试点工作中，细化建设任务，实施分级管理。院长、副院长全面负责现代学徒制试点工作；试点专业所在系的系主任负责组织实施试点工作，试点专业负责人按照《任务书》的要求具体实施试点工作，教务处统筹协调现代学徒制试点工作。学院分阶段召开现代学徒制试点工作推进情况汇报会。学院现代学徒制督查工作组坚持分阶段对各试点专业工作情况进行检查，并在建设后期组织人员对现代学徒制试点工作进行了院级验收，做到了对现代学徒制试点工作的全过程监控，确保了现代学徒制试点工作质量和效果。

（2）建立校企深度合作管理制度，确保现代学徒制试点工作的有序进行

学院加强现代学徒制特点的管理制度建设，制定《校企联合招生与招工管理办法》《校企共建人才培养成本分担机制》《现代学徒制专业教学质量监控管理办法》《双导师互聘共用制度》《校企制定双向挂职锻炼激励、横向技术开发、专业建设激励制度和奖惩制度》《学徒班人才培养质量考核评价办法》《安全措施与违纪处理办法》《鄂尔多斯职业学院实习生产安全制度》《鄂尔多斯职业学院学生校外实习管理制度》《企业师傅工作职责》《现代学徒制双导师管理办法》《现代学徒制学生岗前培训计划》《现代学徒制招生与

招工管理办法》《校企定期例会制度》《学生实习召回制》《学徒实习管理制度》《准员工实习考核制度》等制度，形成了较为完整的制度体系，确保了学校现代学徒制试点工作的有序进行。学校针对现代学徒制的人才培养要求，在校企双方职责管理、学生管理、师资管理、教学管理和人才培养制度建设等方面构建起相适应的管理体制和保障激励机制，推动和保障现代学徒制人才培养模式的顺利实施。

1.4.2 开展方法

（1）规划学院开展试点工作

结合鄂尔多斯经济发展，会同行业协会、职教集团、产业园区、大型企业及教育局的规划要求，制定本地区现代学徒制试点实施办法，确定参加开展现代学徒制试点的企业和职业院校，规划试点专业和实施方案。

（2）组织保障试点工作

学院要联合企业加强对试点工作的领导，落实责任制，建立校企联合工作领导小组，定期会商和解决有关试点工作的开展情况和问题。制定专人负责制度，及时协调学院和企业各部门开展试点工作。通过组建的职教集团、产业学院等校企合作平台，整合资源，搭建现代学徒制试点平台。

（3）加大学院试点工作政策支持

积极推进政府出台扶持的合作项目，学院加大投入试点工作的力度，通过政府资助、学院专项项目资金支持，为现代学徒制试点工作提供资金保障。按照国家有关规定，保障学生权益，保证合理报酬，落实学徒的责任保险、工伤保险，确保学生安全。开展"课证融通""1+X"等项目工作，对经过考核达到要求的毕业生，发放相应的学历证书和职业资格证书。

（4）加强对工作的监督检查

学院加强试点工作的监控，建立试点工作月报季报年报制度。学院及时总结试点工作经验，扩大宣传，试点工作内容作为下一年度单招核准和布点的依据。对于试点工作存在的问题，应联合各单位及时处置和解决。

第 2 章

校政企行协同育人机制的探索与实践

2.1　现代学徒制协同育人机制的运行模式分析

现代学徒制协同育人机制的运行模式，是一种通过政府平台、行业平台、企业平台和学校平台，由政府主导，行业指导、校企协同育人积极合作，校、政、行、企四位一体共同参与的一种运行机制和运行模式。

具体运行情况：由国家政府对其提供政策支持和资金扶助，为职业院校推行校企协同育人机制试点工作提供良好的政策环境。由相关行业组织对其进行市场指导和监管，为校企协同育人并积极合作提供市场经济发展和企业岗位人才需求的最新信息，能够使校企双方根据市场经济发展最新信息，对学校和企业的课程设置、教学方案、教学内容和教学计划以及培训方案等作出适当调整。由校企协同育人积极合作共同参与学校专业课程的制定，投入到职业院校的教学计划和教学活动中来。企业为学校提供一定的师资资源和实践设备，参与院校教师的考核评价等，由学生（学徒）在校学习基础理论知识，在企业掌握社会实践技能，将理论与实践相结合，充分体现由政府主导、行业指导、校企协同育人积极合作及学生（学徒）共同参与的一种办学模式或运行机制。

鄂尔多斯职业学院在教育部现代学徒制试点项目实施过程中，通过与合作企业共同探索与尝试，各专业形成了较为灵活的运营机制，如酒店管理专业初步形成了基于"旺进淡出、工学结合、双师培养、在岗成才"的现代学徒制"1243模式"，汽车应用与维修技术专业形成了"双主体、四领域、三阶段"人才培养模式，应用化工技术专业形成了"双元素、四梯级"人才培养模式，建筑室内设计专业形成了"双主体"育人人才培养模式。

2.1.1 酒店管理专业协同育人机制

酒店管理专业首先建立了现代学徒制试点项目工作机构,成立了项目工作领导小组,并明确了领导小组管理职责,在实施过程中修订了相应的管理制度。

(1) 现代学徒制试点项目工作机构

酒店管理专业现代学徒制试点项目工作机构项目工作领导小组:

组　　长:鄂尔多斯职业学院人文系主任

执行组长:鄂尔多斯市乌兰(煤炭)集团酒店管理公司总经理

成　　员:鄂尔多斯市乌兰(煤炭)集团乌兰国际大酒店副总经理

　　　　　鄂尔多斯职业学院人文系教务科科长

　　　　　乌兰国际大酒店综合办经理

　　　　　乌兰国际大酒店客房部经理

　　　　　乌兰国际大酒店前厅部经理

　　　　　乌兰国际大酒店餐饮部经理

　　　　　鄂尔多斯职业学院人文系教师

领导小组工作职责:

① 负责制定酒店管理专业现代学徒制试点工作方案。

② 组织编制、修订酒店管理专业现代学徒制人才培养方案。

③ 组织制定学徒管理、成绩考评、师傅聘任考核等管理制度。

④ 分配和落实酒店管理专业现代学徒制试点各项工作任务,监督检查任务执行情况。

⑤ 定期召开工作例会,跟踪现代学徒制工作进展,研究解决遇到的问

题，及时总结经验，形成制度性成果。

⑥ 组织开展酒店管理专业现代学徒制试点工作的宣传和经验推广。

领导小组下设学徒培养办公室，负责酒店管理专业现代学徒制试点工作日常组织和管理。

（2）酒店管理专业学徒培养办公室

主任：鄂尔多斯市乌兰（煤炭）集团乌兰国际大酒店副总经理

职责：贯彻执行学徒制领导小组确定的工作方案和工作任务，协调解决学徒培养过程中学徒工作岗位、师傅带教、教学场地设备等事宜，组织考评师傅带教绩效和学徒学习成绩。

副主任：乌兰国际大酒店综合办经理

职责：协助主任开展工作，主要负责组织安排学徒工作岗位、生活保障、集中学习等事宜，组织遴选聘任、培训考核带教的师傅，按程序核发学徒津贴、师傅带教津贴。

副主任：鄂尔多斯职业学院人文系教师

职责：协助系主任开展工作，主要负责组织起草人才培养方案、课程教学标准、教学管理制度等。

成员：鄂尔多斯职业学院人文系教师

　　　乌兰国际大酒店综合办职员

（3）现代学徒制校企定期例会制度

① 学校与企业签订合作协议，成立现代学徒制管理组织，共同制定培养计划，共同负责学徒学习及工作的组织和管理。

② 推行工学结合，实施"双导师"制度。学校选派专业教师担任专业指导教师，下企业指导学生理论学习；企业选派优秀人员担任学徒带教的师

傅,负责学徒岗位技能传授。

③ 建立信息通报制度,学校、企业和学生家长要定期通报学徒学习工作情况,切实维护学徒的合法权益。

④ 加强沟通与协调,共同加强对学徒的思想政治教育、职业道德教育、遵纪守法教育和劳动安全教育,了解学徒思想动态,妥善处理学徒的思想、心理和生活等问题。

⑤ 加强合作与探讨,为实习生安排提供专业对口的实习岗位,确定轮岗流程,并根据实习生的实习状况适时调整。

⑥ 共同研究对学徒的职业技能指导,不断改进指导方法,努力提高学徒的动手操作能力和职业技能水平。

⑦ 建立学徒工作、学习管理档案,定期检查,共同组织实习生开展岗位技能考核。

⑧ 共同做好学徒的学习工作业绩鉴定和评比表彰工作,并根据学徒的学习情况和企业的用工需求,成熟一个,考核一个,转正或晋升一个。

⑨ 一般定于每月最后一个周末召开月例会。

(4) 酒店管理专业校企协同育人模式

酒店管理专业校企协同育人模式,如图 2-1 所示。"1"即以学生成长成才为中心和主线,立德树人、结合行业发展现状,科学设计课程体系,合理规划学生的成长路径。"2"即学生培养全程实施双身份管理,在校期间参照企业纪律管理,享受学徒补贴;在企业学徒期间带着课程学习任务,定期进行学业考核。"4"即四轮驱动培养,由"在校课程夯基础,在岗学习促成长,全程指导排障碍,拓展技能助发展"四轮支撑构成核心课程体系。"3"即三阶段成长。

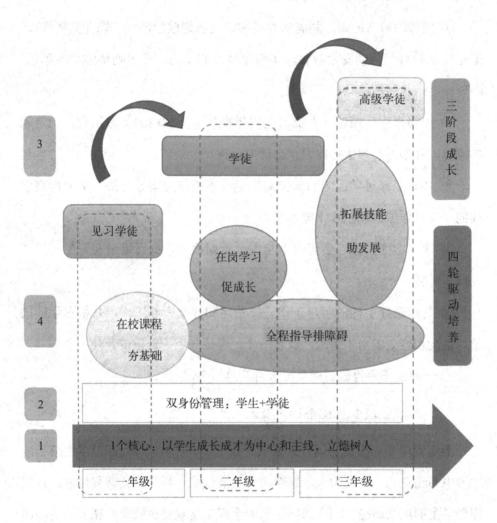

图 2-1 酒店管理专业校企协同育人"1243"模式图

(5) 酒店管理专业学徒"工学交替"安排计划

酒店管理专业学徒"工学交替"培养进程计划见表 2-1。

表 2-1　酒店管理专业学徒"工学交替"培养进程计划表

年级		一年级		二年级		三年级	
学期		第 1 学期	第 2 学期	第 3 学期	第 4 学期	第 5 学期	第 6 学期
学校主要课程		公共平台课程 专业群平台课程		茶文化与茶艺 旅游消费与服务心理	旅游市场营销 旅游企业人力资源管理		酒店督导管理 毕业调研与论文
学校学习时间		9月—1月，3月—6月		10月—1月	3月—5月		
企业身份		见习学徒		学徒			高级学徒
企业主要课程		企业文化与职业认知		酒店基础服务技能 酒店部门业务流程	酒店服务技能综合训练 酒水调制与服务	领班业务技能 会议服务 咖啡调制	酒店管理技能综合训练 常用厨艺
企业实践时间		每周1天		7月—10月 1月—2月	5月—7月	7月—2月	3月—7月
岗位系列	前台接待	见习接待员		跟岗接待员	接待员	接待员	见习领班
	客房服务	见习服务员		跟岗服务员	客房服务员	房务中心文员	见习领班
	餐饮服务	见习服务员		跟岗服务员	餐饮服务员	高级餐饮服务员	见习领班
	行政人事	—		—	—	文员/办事员	文员/办事员
	营销	—		—	—	文员/办事员	文员/办事员

2.1.2 汽车运用与维修技术专业协同育人机制

根据教育部文件要求，鄂尔多斯职业学院机械工程系高度重视汽车运用与维修技术专业现代学徒制试点工作，从2017级学生入校开始就率先开展现代学徒制试点工作。目前2017级汽车运用与维修技术专业学徒制试点学校工作已全面铺开。构建汽车运用与维修技术专业现代学徒制课程培养体系，实施"双主体、四领域、三阶段"现代学徒制的人才培养模式，加强复合型技术技能人才的培养。

（1）"双主体、四领域、三阶段"协同机制

双主体为学校和企业两个教学主体，四领域为公共基础学习领域、职业能力学习领域、职业素养学习领域、拓展能力学习领域，三阶段为基本技能培训提升阶段、保养技能培训提升阶段、诊断检修培训提升阶段。第1学期学生（徒）完成公共基础领域课程的学习。第2学期学生进行识岗实习，除了完成公共基础领域课程的学习外，由双导师根据企业实际生产情况共同完成基本技能阶段培训，达到汽车维修初级工标准。第3、4学期进行轮岗实习，共有机电维修、售后服务、钣金、质量监督、销售五个主要岗位，学校导师负责汽车各总成及常用零部件的结构、作用及工作原理、拆装方法等培训，企业师傅负责专业实践操作技能及目标岗位中级技能培养，完成职业能力和职业素养两个领域课程学习和保养技能阶段培训，学徒达到了汽车维修中级工标准。第5、6学期进行专岗和定岗实习，主要进行拓展能力领域课程学习，完成诊断检修阶段培训。根据学徒技能的提升情况绘制学徒岗位能力动态图，学徒工资与其相应岗位挂钩。通过公共基础、职业能力、职业素养、拓展能力四个领域及基本技能、保养技能、诊断检修技能三个阶段的培训提升，实现了"双主体、四领域、三阶段"人才递进培养。如图2-2所示。

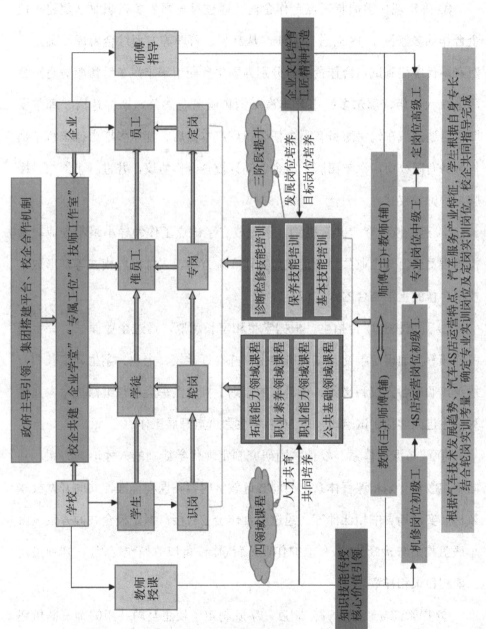

图 2-2 "双主体、四领域、三阶段"现代学徒制运行模式

（2）"双主体、四领域、三阶段"实施过程

① 确定现代学徒制试点合作企业。通过对与鄂尔多斯职业学院建立校企合作的多家汽车 4S 店进行调研，从品牌、管理等方面综合考虑，确定了四家现代学徒制试点合作企业，分别为鄂尔多斯市华丰汽车销售服务有限公司上汽大众店、鄂尔多斯市芝丰汽车销售服务有限公司斯柯达店、鄂尔多斯市信达通汽车销售服务有限责任公司广汽本田店、鄂尔多斯市德丰汽车销售服务有限公司广汽丰田店。与企业签订校企合作协议，并进行了签约、授牌、拜师等仪式。

② 建立校企联合共管机制。学院成立了试点工作领导小组和专业教学指导委员会，与企业共同确定试点工作实施方案、人才培养模式等，形成了校企合作的工学结合的人才培养方案。

③ 开展校企联合招生。根据学生和家长意愿，通过企业面试、综合高考成绩等方面确定学徒制试点班学生，并签订学校、企业、学生、家长四方协议，明确各方权利义务。在自愿的原则下挑选汽车运用与维修技术专业优秀学生进入学徒制试点班，以 30 名学生为试点开展工作。

④ 改革课程体系。校企共同研究制定现代学徒制的人才培养方案，共同制定教学计划和课程体系，共同修订教学内容和课程标准，共同开发校本教材、实训指导书和课件等。经过与合作企业对接，拟定校企共同开发《汽车底盘构造与检修》《汽车维护作业》《汽修设备规范操作规程》，并列出两门课程目录和样章。

⑤ 探索建立"双导师"制度。学院制定了校企互聘共用的师资队伍建设方案，聘请企业师傅作为兼职教师到学校上课，学院教师到企业学习实践或授课。企业师傅与学院教师互相交流学习，共同提高技能和教学水平。比

如，机械工程系聘请了广汽本田的员工为学生上《汽车商务礼仪》和《汽车4S店运营与管理》课程，上汽大众的员工为学生上《汽车售后服务管理》和《汽车营销》课程。学院教师在企业实践时，这些企业也可以聘请学院教师对其员工进行培训。在现代学徒制试点班学生进行企业实习时，企业师傅作为导师，学校教师作为指导教师，学生同时具有两个导师。企业与学校互发聘书，解决"双导师"制度教师队伍问题。

⑥加强现代学徒制试点课题调查研究。深入合作企业探讨汽车运用与维修技术现代学徒制试点专业的目标任务，及时做好试点工作阶段成效总结，加强科学理论的引领和试点行动的研究。

⑦健全管理制度。校企共同制定学生实习管理办法，注重学生平时操行的管理、职业精神的培养和企业文化的熏陶。讨论进行实习计划、实习大纲、实习生手册的编写工作，为学生的专业知识学习提供了有效的保障。校企共同制定企业师傅和学院教师管理制度，为试点工作的考核和评价提供依据。

⑧完善考核评价机制。制定试点班学生的考核评价标准，建立了以考试成绩、课堂表现、岗位实习表现、导师评价等相结合的多元综合评价机制。

⑨完善试点工作的保障机制。按照拨付的现代学徒制试点工作专项经费、学校配套资金，加强校内外实训基地的建设，以保障试点工作正常运作。

2.1.3　应用化工技术专业协同育人机制

（1）"双元素、四梯级"协同机制

鄂尔多斯职业学院应用化工技术专业，创建"双元素、四梯级"专业课程体系。实施校企"双"实施主体、学生学徒"双"身份、教师和师傅"双"指导、校内学习和企业生产"双"课堂、校企两个维度"双"评价、职教文化和企业文化"双"文化育人内涵要求,按照"专业认知→基本技能训练→典型工作任务技能训练→轮岗训练→定岗实习"四个梯级的培养思路规划制定各阶段学习和实践核心内容,将岗位职业标准融入课程标准,实现教学过程与生产过程阶梯化对接,做到训岗直通,如图2-3所示。

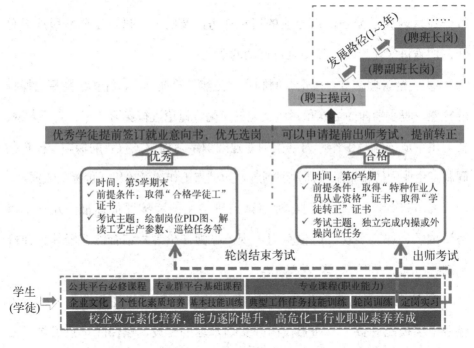

图2-3 "双元素、四梯级"现代学徒制运行模式

(2)实施过程

① 通过校企合作,建立招生录取与企业用工一体化的招生招工制度,明确学生与学徒的双重身份、校企双方的职责。签订企业和学院、学生之间的三方协议,明确各方权益及学徒在岗培养的具体岗位、教学内容、权益保

障等。

② 完善人才培养模式和建立核心课程教学标准及岗位技能标准，将安全理念、职业精神贯穿整个人才培养方案中，重技尚能、立德竞先。推进优质教学资源共建共享，深化工学结合人才培养模式改革，校企共同推进实训设施、数字化资源与信息化平台等资源建设，促进优秀企业文化与应用职教专业文化互通互融。

③ 建设校企互聘共用的师资队伍，加强专兼结合的师资队伍建设，建立"双导师"制度，确定"双导师"职责和待遇，建立灵活的人才流动机制。

④ 形成与现代学徒制相适应的教学管理与运行机制。科学合理的教学管理与运行机制是现代学徒制试点工作的重要保障。根据现代学徒制的特点，应用化工技术专业与鄂尔多斯集团化工事业部共同建立教学运行与质量监控体系，共同制定专门的学徒管理方法，共同实施考核评价，共同加强过程管理。

基本目标：经过三年努力，探索有化工行业特色的学徒培养模式，提高人才培养质量，培养更多满足企业发展需要的行业人才。

2.2 探索建立校企协同育人长效机制

2.2.1 建立校企协同育人约束与激励机制

（1）校企双方育人协同合作

在现代学徒制校企协同育人机制的运行过程中，学校和企业共同对学生进行教育与培训占有非常重要的地位。对学校来说，企业会积极配合学校的教学目标和方案，为学校提供资源设备和实习培训基地，充分保障学生（学徒）的学习和培训工作。另外，企业也会安排专业技术人员对专业教师进行培训和指导，为学生（学徒）提供专业性和技术性的知识和技能。对企业来说，学校也会根据企业岗位工作用人需求，对学校的教学方案、课程设置、教学内容和教师考核评价体系等方面作适当调整，为企业输送符合岗位需求的高素质高技能人才，给企业带来一定的利润和价值，使校企双方从中都能获取收益，达到互惠共赢的目标。通过构建校企双方育人与积极合作的协同机制，充分发挥校企双方育人合作的积极性。

（2）构建院校师资队伍和考核体系的评价机制

对相关职业院校的教师团队、专业课程设置、教学内容及教师考核体系进行评价和完善。对教师队伍进行定期的专业理论知识学习和培训，完善教师自身教学技能，提升教学质量，为学生今后走上社会参加工作奠定坚实的基础和技能，促进学生自身能力全面发展。同时，对学校的课程设置、教学内容和教师考核体系进行定期考核与评价，能够使学校和教师根据市场经济的发展和企业岗位人才需求对教学内容和方案作出调整。引导教师对自身不断完善，确保教学的质量和效益，确保学校教师的先进性、专业性和技能性，也使教师考核与评价体系更加规范和完善。通过建立院校师资队伍和考核体系的评价机制，为现代学徒制校企协同育人机制运行创造良好的内在环境。

（3）构建相关行业市场指导与监管的机制

在现代学徒制校企协同育人机制的运行过程中，相关行业组织占有很重要的地位。通过加强相关行业组织的指导与监管，为现代学徒制校企协同育人机制运行提供市场经济发展和企业岗位人才需求的最新发展动态和信息。

根据市场最新信息，企业和学校对本校的课程内容设置、教学方案、培训计划、考核方式以及教学过程等作出适当调整，为社会发展培养更多高技能高质量型人才。同时，相关行业对其进行市场指导与监管，也为校企协同育人积极合作创造一个和谐稳定的社会环境。因此，构建相关行业市场监督与监管机制。

2.2.2 建立协同育人成本分担机制

（1）构建学生双重身份地位和利益的保障机制

在现代学徒制校企协同育人机制的运行过程中，学生的积极参与非常重要。在学校是学生身份，学习专业理论知识；在企业是学徒身份，掌握实践技能。因此，学生的双重身份地位和利益要得到学校和企业的认可和保障。学校和企业要通过相关法律制度和政策对学生的身份和利益进行保障。只有这样，学生才能安心努力地投入到学习和实践工作中去，提高自身专业技术能力。同时，学生会将在校学到的专业理论知识运用到企业实践工作中去。学徒全心全意地参加实习工作，将给企业带来丰厚的经济利润和社会收益。因此，构建学生双重身份地位和利益的保障机制，确保学生自身利益不受损害，才能调动学生学习和实践的主动性与参与性。

（2）构建政府政策支持与资金投入的激励机制

国家在现代学徒制校企协同育人机制的运行过程中占有一定的主导地位。因此，政府应加大相关优惠政策的支持与资金投入力度，对推行现代学徒制校企协同育人机制试点的职业院校给予政策上的优惠和支持以及资金上的扶助，减轻相关职业院校办学的资金压力。另外，政府对相关职业院校与企业进行积极合作应给予政策鼓励和资金扶助。通过设立校企合作专项经费等奖励方式，使学校和企业从中都能获得一定的收益，充分调动企业与学校协同育人积极合作的主动性和参与性。通过建立政府政策支持与资金投入的激励机制，为现代学徒制校企协同育人机制的运行创造良好的政策环境。政策支持与资金激励机制如图 2-4 所示。

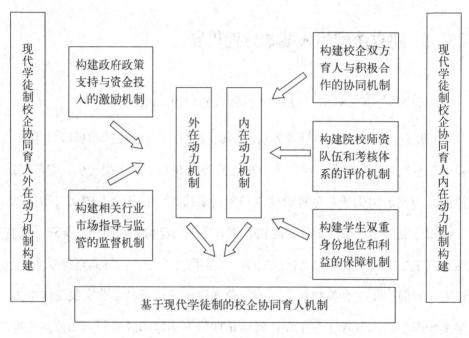

图 2-4　政策支持与资金激励机制

2.3　探索工学交替校企协同育人的人才培养模式

工学交替是我国职业院校改革和发展的主要方向，对于职业教育发展有着重大意义。职业教育是直接面向社会职业岗位的一种教育类型，需要学校、企业及学生三方合作培养人才，这就需要合作的三方真正地相互了解和合作。

（1）工学交替培养模式优势

第一，工学交替为三方相互了解提供了很好的途径，学校需要寻找合作企业，企业需要工作的员工。校企双方有了相互了解的基础，包括双方各自的需求、双方的运行过程、双方合作的方式等。在工学交替的实施过程中，企业和学生之间的了解逐渐加深。从企业角度来说，企业通过对学生的了解和培养掌握了学生的知识、技能、品德等，可以按照企业需求重点培养各个岗位学生和储备学生；从学生角度而言，学生通过在企业的工作了解企业的生产、运营方式，毕业后学生不需要岗前培训，直接走上工作岗位。工学交替的合作办学，企业能从岗位实习的学生中及早地发现人才、储备人才。企业可以把学校作为相关岗位人才的蓄水池。当企业生产任务饱满时，让学生到企业顶岗实习；当企业生产任务较少时，则让学生在学校进行理论知识和文化课的学习，降低企业的人力成本。

第二，工学交替能促进学生的充分就业，减轻学生求学的经济负担。一方面，工学交替，学生在企业的生产现场接受实境教学，在毕业之前已经熟悉了相关岗位的操作技能，而且学生在企业真实工作环境的体验和熏陶下培养了学生的"员工意识""遵守纪律""团结合作"等职业素养，这对学生的充分就业无疑具有极大的促进作用。另一方面，在工学交替过程中，企业为实习学生支付劳动报酬，可以减轻学生家庭的经济负担。所以工学交替是高职教育一种可行的教学模式。

第三，工学交替可以促进高职院校的健康发展。工学交替能让学校更好地了解企业岗位需求，使学校把握办学方向；工学交替能促进学生的充分就业；工学交替能提高职业院校教师的职业技能素质。工学交替可以让学校、学生和企业三方共赢。

（2）高职院校推行工学交替培养模式需注意的问题

① 选择合适的合作企业

选择合适的合作企业是工学交替第一步，合作企业应是合法注册经营的中大规模以上企业，并应满足以下基本条件。

a. 企业提供的岗位与专业对口。合作企业应为学生提供专业对口的实习岗位，并愿意为实习学生支付较为合理的劳动报酬，不能将学生作为廉价的劳动力。

b. 企业的生产设施、管理设施和技术工人，能满足学生的技能学习需求。

c. 具备完善的岗位实习学生管理制度和考核制度。

d. 企业能提供给实习学生生活场所和学习娱乐场所，保障学生的基本生活和学习需要。

② 推进人才培养方案的修订

为了适应工学交替的教学模式，学校应及时修订能适应工学交替的人才培养方案。学生有近一半的时间到企业进行岗位实习，如果仍采用已有的人才培养方案，则无法保证学生的理论和文化课学习，实训操作内容应依据企业生产实际及时调整。如果企业生产任务时紧时松，实习学生岗位实习的时间也会发生断续，所以人才培养方案要结合企业的生产过程，及时修订人才培养方案。因此，人才培养方案需及时修订和调整，以满足学生的培养需求和企业的实际生产需求。

③ 制定完备的实习学生管理和考核制度

建立岗位实习学生管理长效机制。学生在用人单位岗位实习期间其身份不仅是学校的实习学生，同时是企业的一名员工，因此具有双重身份。

a. 高职院校和企业成立双方联合的管理机构，当出现问题时，校企双方能及时地沟通并解决问题。

b. 校企双方共同制定切实可行的实习学生管理规章制度并严格执行，应该制定基本的考勤制度、安全操作制度、师带徒制度、实习工作考核制度和奖惩制度。

④ 绩效管理机制

工学交替对学校的师资提出新的要求，尤其是学校专职教师必须熟悉相关岗位的操作和规程，熟悉相关岗位的工艺设备。教师能够真正成为"双师型"教师，既是企业工程师又是高校教师。学校一方面要引进企业操作经验丰富的师傅作为学生的技能操作教师，另一方面要培养自己的教师到企业去锻炼进修。学校要制定绩效考核制度、奖惩制度和相应的激励机制等管理机制，规范和激发教师参与现代学徒制工作的积极性。

2.4 探索校企共建共享教学资源

现代学徒制试点改革的重点之一是深化产教融合，而产教融合必须深深扎根在教育教学中。高职院校独特的办学定位决定了教育教学离不开产业发展，离不开真实的生产生活场景，而校企共建共享教学资源起着关键性的支撑作用。因此，学校与企业共同开发课程体系。学校持续深化教学作一体的课程改革，实现课程的"双元"教学全过程，打造共享教学资源。

（1）共同开发特色校本教材

在现代学徒制试点改革中，各试点专业根据各专业的学情、岗位技术技能要求和教学改革的经验，校企双方共同开发基于岗位工作内容的教材，取得了一批标志性的成果，开发了14本教材（培训手册）。其中《氯碱生产技术》入选内蒙古自治区"十四五"职业教育规划教材。在现代学徒制教材改革成果的基础上，学院总结制定了《鄂尔多斯职业学院教材建设与管理办法（修订）》《鄂尔多斯职业学院校本教材编写管理办法（修订）》，为学院教材建设的长远发展指明了方向。

（2）开发数字化教学资源库

当前数字化时代已经到来，数字化平台在教学中扮演着越来越重要的角色。利用数字化平台和大数据建立教学资源库，能够为学生提供丰富多样的课程资源和线上开放课程。以数字化平台为依托，建立多种网络终端，全面记录学生网络学习场景和内容，并将此动态实时地反馈给教师，能够使教师及时发现教学过程中存在的不足，并及时予以纠正。目前常见的新型网络学习平台包括"学习通""中国大学MOOC""智慧树"等。这些学习平台的应用，不但改变了校企合作的教师、师傅授课方式，而且不受时间、地点的限制，提高了校企共建共享教学资源的效率。

校企共建教学资源应根据人才培养方案和学校、企业双方的设备情况来建设，侧重于学生在学校实验室难以实现的操作技能和学徒在企业实际岗位上由于设备实际运行的限制或其他条件的限制不能实时学习的操作技能。高压供配电室高压断路器的合闸、分闸，高压断路器的拆装操作这些操作技能，即使在企业现场操作的机会也不多。所以类似这些技能学习教学资源的建设是校企共建教学资源的重点。例如鄂尔多斯职业学院与现代学徒制合作企业共同开发了基于 VR 技术实践教学案例库。图 2-5 是供配电技术中高压断路器设备的结构展示，图 2-6 是高压断路器的合闸与分闸操作。该案例库主要特点：通过 VR 技术使学生（学徒）沉浸在高度仿真的"真实的场景"中完成实践操作，提高学生实操的"身临其境"感。该案例最大程度地再现了岗位真实场景，有效降低学习难度，而且不会发生人身安全事故，解决了学校因设备购置费用高、占地面积大而无法购置设备导致实训课程无法开展的难题，而且可以无限制地仿真真实岗位高压断路器的合闸、分闸，不受设备运行情况的限制。

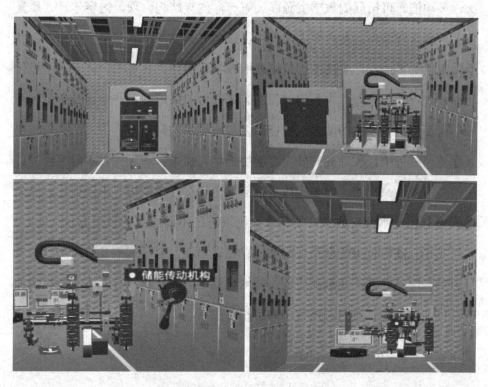

图 2-5　高压断路器设备的结构展示

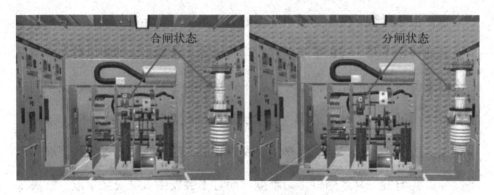

图 2-6　高压断路器的合闸与分闸操作

（3）构建多层次、多功能、可拓展的教学资源库

在资源库建设中，教师应充分利用互联网信息服务平台，积极构建多层次、多功能、可拓展的教学资源库。第一，建立结构合理、内容丰富、质量较高的教学资源库。在资源库建设中，应当充分发挥多媒体平台的作用，利用其提供的多层次、多功能、可拓展的教学资源库，实现知识体系的系统化建设，促进教学资源库中各门课程的有效融合。采用多种方式提升学生利用教学资源库进行学习的能力，以提高教学资源库的利用率。第二，在教学资源库建设过程中，教师要充分考虑学生的学习需求，积极探索不同平台的适用性、有效性。比如，对多媒体平台的内容和交互模式进行不断优化，充分挖掘信息化技术带来的学习便利效果，以满足不同层级的教学要求。同时，利用基于互联网技术的海量数据和信息存储功能，合理规划多媒体平台的资源容量和服务时间，实现师生随时随地进行学习，还可以针对不同类型教师的具体情况，使其及时调整教学内容和方法等。

第3章

招生招工一体化的探索与实践

校企共同制定和实施招生招工方案，规范学校招生录取和企业用工程序，推进招生招工一体化，明确学徒的企业员工和学校学生双重身份，保障学徒的合法权益。以上内容是《教育部办公厅关于全面推进现代学徒制工作的通知》（教职成厅函〔2019〕12号）对落实招生招工一体化任务提出的具体要求。

鄂尔多斯职业学院依托校企合作平台，积极探索现代学徒制的人才培养模式，推进校企深度合作。采取校企联合招生招工的形式，逐步形成双身份学习、双导师教学、双主体育人的"双元育人"模式，与乌兰国际大酒店、汇能集团内蒙古卓正煤化工有限公司、内蒙古久泰能源、内蒙古准格尔旗力量煤业有限公司等20多家企业合作举办现代学徒制"冠名班""订单班""工匠班"。实现"招生即招工、入校即入厂、学习即工作、毕业即就业"。

3.1 现代学徒制招生招工模式分析

3.1.1 招生招工模式实施情况分析

现代学徒制的学生具有企业员工和学校学生双重身份，在招生中必须考虑学校和企业两方面的需求，同时受招生政策、校企合作水平等因素的影响，导致现代学徒制的招生招工方式具有多样性。结合鄂尔多斯职业学院现代学徒制招生招工的实施模式和对内蒙古现代学徒制试点院校招生招工模式的研究，现代学徒制的招生招工模式分为三种：先招生再招工、先招工再招生、招生招工同步。现代学徒制试点、推广院校在实际实施中，采用其中一种或多种模式。

（1）先招生再招工

先招生再招工是学校通过高考、单招、扩招等考试形式和中高职"3+2"联合贯通培养等形式招生，新生在报到后取得学籍。校企合作的企业根据用工需求和岗位综合素养等要求，与院校一起制定现代学徒制的考核内容、方式等，通过考核的新生成为现代学徒制班的学徒。为了明确学生、学校、企业三方的权利和责任，保证各自的权益，学生签订三方协议。先招生再招工模式是高职院校按照学校的招生计划完成招生，不受企业的限制。这种模式与教育部现代学徒制试点文件中"校企共同制定和实施招生招工方案"的要求有差距。先招生再招工模式与订单班的人才培养模式相似，为避免现代学徒制的人才培养模式再走订单班人才培养模式的老路，采用先招生再招工模式的高职院校在后续学生培养中重点推进校企共建人才培养方案、互用共建"双导师"团队等方面的组织和实施，确保教育部现代学徒制试点文件中对现代学徒制的人才培养要求落实到位，确保人才培养质量。

（2）先招工再招生

先招工再招生是企业根据岗位需求，通过招聘面试等方式招录企业员工完成招工。通过校企合作，高职院校通过单招或扩招考试招生，录取在职企业员工为高职院校具有学籍的正式学生。随着我国产业结构转型升级，对在职员工在专业化、技术化方面提出了更高的要求，企业需要对在职员工进行系统化、专业化的培训。高职院校通过专业化、系统化的授课更新在职员工的理论知识和职业素养，提高员工综合素养，使其更好地服务企业。鄂尔多斯职业学院与中科合成油内蒙古有限公司联合举办的退伍军人继续教育培训班，属于先招工再招生模式。该班级的退伍军人在退伍后通过企业招聘成为中科合成油内蒙古有限公司的员工。由于该班级退伍军人学历较低或专业与岗位不对口，在培训中采用"学历+技能培训"模式，学员通过单独招生考试成为全日制在籍学生，通过学业考核获得全日制大专毕业生学历。

（3）招生招工同步

招生招工同步的方式是指招生招工同步进行，结合高职院校专业发展规划和企业人才需求，校企双方共同研究制定出符合双方要求的招生招工方案。校企双方进行联合招生，招录的学生同时具有学生和学徒的双重身份。这种招生招工同步方式符合教育部现代学徒制试点文件对"招生招工一体化"的要求，实现了"招生即招工、入校即入厂"。与前两种招生招工模式相比，这种模式更有利校企双方。对于高职院校而言，学生从入学就明确今后的就业岗位和专业发展方向，具有明确的职业发展规划，"入校即入厂"保证了学生的就业和高校的就业率。同时，企业为保证未来员工的质量，为人才培养投入大量的物力和人力，对学校培养适合企业需求的人才有良好的指导和促进作用。对于企业来说，未来的员工接受专业化、系统化、正规化的教育，并且企业全程参与人才培养全过程，所以企业在减少培养成本的同时又保证了未来员工的质量。比如鄂尔多斯职业学院与中职院校和企业联合招生培养的"2+2+2"模式。该模式是学生在中职院校就读2年，到第3年由高职院校和企业共同考核面试学生，考核通过的学生成为高职院校的学生和企业的见习学徒，并与中职院校、高职院校、企业签订联合培养协议，在高职院校就读2年后，再作为企业员工到企业实习2年。

3.1.2 创新招生招工方式

目前我国现代学徒制招生招工模式处于探索阶段，受招生政策的限制，大部分高职院校并未完全实现招生招工一体化，而是在先招生再招工、先招工再招生、招生招工同步三种模式中选择一种或两种执行。

鄂尔多斯职业学院酒店管理专业结合专业招生生源特点、企业的实际情况灵活应用创新招生招工方式。一是由于在北方地区酒店管理专业的学生生源较少。通过学校与学校合作，被招收的学生入校后，通过考核的新生成为现代学徒制班的学徒。二是酒店服务行业的员工学历普遍较低。员工对学历提升有较强的需求，通过校企合作，采取先招工再招生的招生模式，扩大现代学徒制的生源。三是北方地区酒店管理专业的招生竞争非常激烈。通过校企合作，采取招生招工同步模式，与企业联合制定现代学徒制招生方案，特别要充分发挥知名酒店企业的影响力，加大招生宣传力度，增强招生影响力，从而提高招生竞争力。

3.2 探索校企联合制定招生招工方案

3.2.1 校企联合招生招工的目标任务

（1）总体目标

现代学徒制的培养目标是培养学徒在企业真实的工作情境中获得"典型职业工作任务"所需的综合职业能力，并在工作中获得"工作过程知识"，实现人才培养与人才需求有效对接，即教育链与人才链、产业链的有效对接。

（2）具体目标

① 岗位技能培养目标以企业实际岗位为核心，结合学生特点，校企双方共同制定人才培养方案，将企业文化、企业理念、企业岗位能力要求融入人才培养方案，不断优化课程体系，校企通力合作，培养具有一定的理论知识和较强的岗位技能水平、实践动手能力，能胜任行业相关岗位的高素质技能型人才。

② 职业素养培养目标通过对工匠文化、学徒文化、企业文化、人文精神、职业素养、职业心理的塑造，旨在培养具有良好的职业道德和爱岗敬业精神、良好的心理素质和思想道德品质的高素质技能型专业人才，旨在让学徒学会共同生活，促进其情感和态度的发展，塑造其完善的人格，促进学徒个性的充分发展，为学徒参与社会生活打造良好基础。

3.2.2 校企联合招生招工的组织实施

校企联合招生招工工作标志着现代学徒制建设工作开始实施。以鄂尔多斯职业学院现代学徒制 2017 级汽车运用与维修技术专业招生为例，介绍现代学徒制招生招工组织实施的基本流程。

（1）成立现代学徒制专项工作领导小组

成立由学院领导、校企相关科室及专业负责人组成的"现代学徒制专项工作领导小组"，全面指导协调现代学徒制的各项工作的开展。

组长：鄂尔多斯职业学院汽车工程系主任

副组长：各合作企业总经理

组员：汽车运用与维修技术专业教师、企业人力资源部门管理人员、企业技术经理、企业技术主管

（2）招生招工

通过前期调研走访、电话、座谈会等确定合作企业，同时学徒制的项目主要负责人在 2017 级汽车运用与维修技术专业学生中广泛介绍和宣传现代学徒制。依据校、企、学生三方实际情况与需求，学校联合企业进行面试筛选，从该专业 55 名学生中选拔 30 名学生成立学徒制班，并签订《校企合作试点现代学徒制框架协议》。

具体工作进度如下：

① 前期调研

2017 年 2 月~5 月，团队负责人不定期组织相关教师有针对性地到区内外知名兄弟院校如长春职业技术学院、呼和浩特职业学院等进行观摩、交流，主要向有经验的院校及其合作的 4S 店讨教现代学徒制的开展情况及工作思路。同时，深入往届毕业生反馈较好的当地 4S 店，如铜川汽车城上汽斯柯达、上汽大众、广汽本田、江淮、奔驰、宝马等，调查、分析各家 4S 店对现代学徒制的认知、期望及与学校的合作意向。

② 宣传、动员阶段

2017 年 9 月，项目主要负责人盖彦青教授多次召开现代学徒制宣传动员专题大会。从现代学徒制的建设背景、实施方案、管理制度、建设目标等方面，同时以天津现代职业技术学院与海鸥表业有限公司现代学徒制合作模式为例，向同学们阐述现代学徒制办学模式的优势，动员会让同学们从懵

懂、动摇状态逐步转变为认同并报名现代学徒制班级。

③ 中期调研

2017年10月30日～2018年3月20日，经过多次对企业走访、调研、洽谈，汽车工程系最终确定鄂尔多斯华丰（大众）汽车销售服务有限公司、鄂尔多斯斯柯达特约维修服务中心、广汽本田汽车销售服务有限公司、广汽本田汽车销售服务有限公司为现代学徒制试点合作企业。

④ 面试、开班仪式

2018年4月22日上午，学校联合企业组织现场招聘会，通过面试双向选择，最终确定30名学生。当天下午汽车工程系在学院500人报告厅举行汽车运用与维修技术专业现代学徒制开班仪式，学院院领导、招生就业处负责人、对外交流合作处负责人和四家合作企业代表出席会议，会上双方还进行了隆重的赠工装仪式。

⑤ 签约·授牌·拜师仪式

2018年5月5日，汽车工程系汽车运用与维修技术专业现代学徒制"签约·授牌·拜师"仪式在学院500人报告厅隆重举行。此次仪式上，校企双方签订了《校企双方现代学徒制合作协议》，学院领导为企业授牌、为企业师傅颁发聘书，2017级汽车运用与维修技术专业30名学徒上台向师傅敬献"拜师帖"，行鞠躬礼，各位师傅向徒弟们回赠"金扳手"和书籍。

⑥ 通过招生简章扩大对现代学徒制试点的宣传

为扩大现代学徒制招生的宣传，每年鄂尔多斯学院在招生简章的重要位置对现代学徒制的开展情况进行重点宣传，取得了不错的宣传效果。现代学徒制宣传手册如图3-1所示。

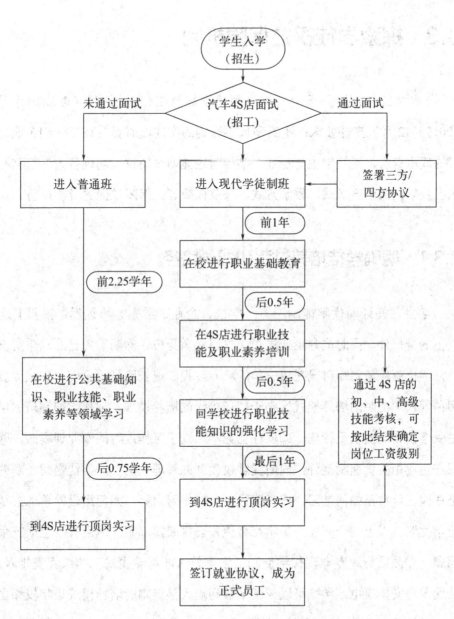

图 3-1 现代学徒制宣传手册

3.3 探索学徒权益保障机制

《教育部办公厅关于全面推进现代学徒制工作的通知》(教职成厅函〔2019〕12号)文件要求：明确现代学徒制的学徒同时具有在校生和企业员工的双重身份，签好学生与企业、学校与企业两个协议，明确各方的权利和职责及学徒的培养形式、教学方式、权益保障等，保障学徒的合法权益。

3.3.1 明确学徒培养过程和成长路径

学生在签订现代学徒制三方（学校、企业、学生）协议后，除具有在校生的身份外，同时成为企业员工，具有双重身份。除明确自己的双重身份外，学徒更应该熟知自己在校三年的培养过程、成长路径。第一，学徒需要明白现代学徒制的培养模式区别于普通班级的培养模式，现代学徒制班的学生受学校和企业双重管理。即使在企业学习基于工作内容的专业课程时，除遵守企业相关管理制度外，同时受学校教师的管理。第二，学徒最想了解的是在校三年自己如何学习、成长路径及最终学习目标。如何用最简单的方法使学生明白以上三个问题，工学交替课程安排表简单明了地回答了上面三个问题，如酒店管理专业现代学徒制工学交替人才培养模式下的课程安排表。从此课程安排表中，学徒可以清晰了解到现代学徒制的培养模式是学校和企业共同培养，采取工学交替培养方式，培养成长阶段目标分为三个阶段：见习学徒－学徒－高级学徒。不同培养阶段对应不同的课程、岗位及薪酬津贴。通过此表学徒明确了学习目标和职业发展规划。实践经验证明，在现代学徒制的人才培养改革中，学徒越提前明确未来的发展目标，越有利于学徒尽早规划自己的职业发展，越有利于人才培养。

3.3.2　签署三方协议，切实保障学生权益

为保障学生（学徒）的权益，学生（学徒）与学校、企业签订三方协议，如图 3-1 所示。协议的内容包括学校和企业共同制定人才培养方案、共享共建教学资源、共同承担教学任务、共同管理学徒等细则，为学徒顺利完成学业提供保障。其中保障学徒人身安全和落实学徒劳动薪酬标准是三方协议核心内容之一。

（1）保障学徒人身安全

在现代学徒制的培养过程中，学徒的安全不仅来自日常生活学习中，更多来自其工作环境。因此，在工学交替校企合作育人过程中，学徒的安全管理不仅体现在日常生活学习中，也体现在企业工作现场中。

① 树立日常安全风险意识

学校开设安全教育课程和安全专题讲座，使学生系统全面学习日常生活中的安全知识，了解面临的各种安全问题，掌握基本的安全知识和突发事件的急救措施，在整个学业期间牢固树立安全与风险防范意识。

② 加强工作安全管理

学徒在岗工作过程中，应严格遵守劳动安全卫生规程和操作规程，有权拒绝违章指挥，对企业师傅及其管理人员漠视人身安全和健康的行为可拒绝执行，并有权进行检举和控告；必要时可单方解除协议。在合作培养期间，企业应根据国家有关规定为学徒提供安全、卫生和职业病危害防护条件，配

备必需的劳动防护用品，安排与学徒所学专业相同或相近的工作岗位，安排的岗位须符合《职业学校学生实习管理规定》及有关法律法规规定。企业选派职业素养高、岗位技能高超的员工作为师傅，对学徒进行岗前安全生产知识教育、岗位安全技能培训，并对学徒进行考核，考核合格后方能上岗。

③ 购买相关保险

为保障学徒的合法权益，从学徒一入校，学校就为每位学徒统一购买校外实习责任保险。企业要为学徒在工作期间购买工伤意外保险。三方协议要制定伤亡事故处理办法。确保学徒在学校和企业学习工作期间人身与财产安全。

（2）落实学徒劳动薪酬标准

《教育部办公厅关于开展现代学徒制工作的意见》（教职成函〔2014〕9号）文件，明确提出学生享有获得报酬的权利。三方协议中应明确学徒在企业学徒期间工资或补贴标准。学徒在企业顶岗实习期间的劳动报酬，根据教育部等八部委发布的《职业学校学生实习三方协议》的规定，原则上不得低于企业同岗位试用工资标准的80%。

第4章

现代学徒制人才培养开发的探索与实践

《教育部办公厅关于全面推进现代学徒制工作的通知》（教职成厅函〔2019〕12号）文件要求，按照专业设置与产业需求对接、课程内容与职业标准对接、教学过程与生产过程对接的要求，校企共同研制高水平的现代学徒制专业教学标准、课程标准、实训条件建设标准等相关标准，做好落地实施工作。

4.1 典型职业教育教学标准开发模式分析

4.1.1 德国"双元制"开发模式

"双元制"是德国职业教育的核心和主体。"双元制"中的"双元"特征主要表现为：职业学校和企业共同办学职业教育模式、学生在学校学习理论知识和以学徒身份在企业参加技术培训、师资分为企业实操教师和学校理论教师等。

（1）"双元制"的专业设置

培养学生的实践技能是"双元制"的最大特色，在专业设置上服务市场需求、服务地方经济的发展需要，在专业结构上符合地方产业结构发展需要。根据经济社会发展的变化、就业领域的更新，不断调整专业结构，使人才的培养匹配社会经济发展对人才的需要。

（2）"双元制"课程体系的构建

德国"双元制"的教学标准中涉及的教学大纲、课程设置、实习实训、考试、毕业论文等环节都是由校企共同研制的。课程教学设计以技术应用能力为本位，以职业能力需求为核心，不是按学科体系分类的。根据生产过程中岗位技术需求来设计教学内容，教学设计按照"预实习—基础理论学习—专业基础理论学习—工业实习—专业理论实习—毕业实习、毕业设计"等环节来设计，强调知识在企业中的实际应用。课程由浅入深，知识面广，深浅适度，综合性强。在教学中采用模块化教学，按照学期将专业内的教学任务划分为单个具体模块。所有模块最终将覆盖所学专业的所有理论及知识体系，具有导向性明确的特点，培养学生的综合分析问题和解决问题的能力。课程编制都是由业内专家编排完成的，不仅注重基本从业能力、社会能力的培养，更关注综合职业能力的培养。

4.1.2 中国现代学徒制人才培养标准开发模式

由全国现代学徒制工作专家指导委员会开发和推荐的《现代学徒制专业教学标准和课程标准的开发指南》是中国现代学徒制人才培养标准开发模式的典型代表，集中体现了我国现代学徒制人才培养标准开发的指导思想和开发路径。

（1）开发指导思想

① 坚持"能力衔接、系统培养"的指导思想

"能力衔接"是以职业能力为出发点，通过不同岗位的职业能力分析构建对接需求、课程内容与职业标准有机衔接的课程体系；"系统培养"是指遵循岗位成长的规律、人才培养的规律，实现中职、高职、应用本科的分类培养。

② 坚持"育人双主体、在岗成才"的理念

现代学徒制是企业和学校共同培养技术技能综合人才，其教学标准和人

才培养方案必须由校企双方共同参与制定。现代学徒制课程体系必须是基于岗位工作过程的、基于岗位能力职业分析及职业素养来构建的课程，其中企业课程和校企交替课程的学习需要在企业岗位上、工作中完成，实现学徒在岗成才。

（2）开发路径

由全国现代学徒制工作专家指导委员会开发和推荐的现代学徒制专业教学标准主要分为四个环节：供需调研－职业能力分析－课程体系构建－标准编制。

① 供需调研环节

通过调研精准熟悉掌握每个专业的供需对比情况，供给情况即学生规模、师资力量、课程设置、教学评价等情况，需求情况即人才需求、职业能力要求、职业资格证书、岗位需求等情况，从而确定各专业在教学中存在的问题，为后续专业（群）建设工作奠定基础。

② 职业能力分析环节

对应岗位群的职业能力分析，依托行业、企业专家开展职业能力分析，编制职业能力分析表，并根据职业能力分析确定岗位的典型工作任务。

③ 课程体系构建环节

以供需调研为基础，以职业能力分析为重要依据，遵循职业教育认知规律，以培养岗位职业能力为目标，将典型工作任务和职业能力要求转化为具体的教学内容即课程，使课程与职业能力有机对接，构建专业课程体系。

④ 标准编制环节

根据统一的、规范性的文本模板和撰写标准，保证各专业教学标准和课程标准在形式结构上的一致性。

4.2 探索现代学徒制专业人才培养方案的开发

现代学徒制专业人才培养方案是学校和企业共同设计的人才培养方案。人才培养方案的开发必须以服务当地经济发展为宗旨,以职业岗位的实际需要和人才成长规律为依据,采用工学交替的人才培养模式,构建新型课程体系,明确人才培养方案的教学内容、组织实施形式等具体内容,确保学徒培养的质量,促进现代学徒制的人才培养改革可持续发展。

现代学徒制专业人才培养方案开发过程主要包括专业调研、职业能力分析、课程体系的构建、人才培养方案的构建等环节。具体开发流程如图4-1所示。

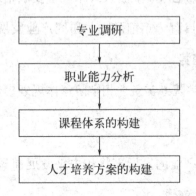

图 4-1 现代学徒制人才培养方案开发流程

4.2.1 专业调研

专业调研是现代学徒制人才培养方案开发的一项基础性工作。调研要紧紧围绕当地行业的发展现状、企业的发展需要及兄弟院校现代学徒制改革情况。调研内容主要包括专业对应行业的人才结构现状、市场对人才需求状况、企业岗位对技术技能的要求、专业发展趋势、相应的技术技能职业证书及 1+X 证书需求现状、就业方向等方面内容。在严格论证调研报告结论的基础上，确定专业定位及发展思路。

（1）指导思想

坚持以教促产、以产助教、产教融合、产学合作的总体方针，完善教育链、服务产业链、支撑供应链、打造人才链，推动形成同市场需求相适应、同产业结构相匹配的人才培养模式和专业结构。

① 专业发展必须与当地及周边地区经济的发展相适应。

② 专业发展应与高等职业教育发展相适应。

③ 专业发展应与本地市职业教育改革规划要求相适应。

④ 专业设置应当具有一定前瞻性，研究产业发展、新技术发展、职业发展最新动态和发展趋势。

⑤ 专业设置应与学院办学条件和学院整体规划相适应。

（2）调研内容

① 掌握专业相关产业的发展现状和未来发展前景、相关产业在合作企业中的发展规模及发展前景。

② 了解专业相关产业对技术技能人才整体需求现状及未来供需趋势、合作企业的相关岗位对专业技术技能人才需求现状及变化趋势。

③ 了解市、省内同类院校及省外合作院校的相关专业现代学徒制的人才培养现状及存在问题。

④ 调研市、省内同类院校现代学徒制毕业生及家长，已毕业学生就业

岗位情况，对现代学徒制校企共同育人的教学管理过程的建议，家长对现代学徒制认可程度。

（3）调研工作安排

现代学徒制工作小组准备调研提纲和制定调研方案，并对调研工作进行分工。

（4）调研资料分析及论证工作

① 现代学徒制工作小组对调研资料进行整理分析、总结并起草《专业调研报告》。起草完毕后，小组成员对《专业调研报告》进行讨论，提出各自的意见，最后修改完善《专业调研报告》。

② 学院组织专业带头人、骨干教师等校内资深教师和行业技术专家对《专业调研报告》进行论证。论证的要点如下：

a. 行业发展现状及趋势。

b. 企业特别是合作企业对专业技术技能人才需求现状及变化趋势。

c. 专业对应的岗位需求，岗位职业能力分析，岗位对应的职业资格证书和 1+X 证书需求。

d. 市、省内同类院校及省外合作院校相关专业现代学徒制的人才培养存在的问题。

e. 现代学徒制人才培养改革的思路与对策。

（5）审批工作

《专业调研报告》通过论证后，提交学院学术委员会审议；审议通过后，再提交学院专业建设委员会审议；审议通过后，方可进行现代学徒制的人才培养方案和课程标准等相关教学工作。

4.2.2 职业能力分析

职业能力分析是指分析从事并胜任某一岗位的从业人员所具备的职业能力。职业能力是一个结构复杂、内容丰富的概念，如胜任某一岗位所需的职业能力、完成某一职责所需的职业能力、完成该职责下某一任务所需的职业能力。由此可见，职业能力具有分层结构的特点。某一岗位包含多方面的工作职责，而完成某一工作职责所具备的技术技能即职业能力可以概括为某一综合能力，因此职业能力是由多个或一系列综合能力构成的。在实际工作中具体工作职责包含多个工作任务，如向学生授课是专职授课教师的职责之一。完成向学生授课这个职责需要承担多个具体的工作任务，包括备课、组织课堂教学、评价学生作业等。教师完成其任何一项任务都需要具备相应的能力，例如备课，就需要具备备课的专项能力，所以某项任务对应某一专项能力。职责对应综合职业能力，由于职责是由多个任务组成的，所以某一综合能力是由多个或一系列专项能力构成的。

（1）《职业能力分析表》的组成

现以汽车运用与维修技术专业的机电维修技术岗位的《职业能力分析表》为例分析其组成，如表4-1所示。第一列为岗位，一般情况下，一个专业对应多个岗位，一般为2～3个主要岗位。第二列为工作职责即综合职业能力，包含4项工作职责即4项综合职业能力A、B、C、D。第三列为每项工作职责下对应的工作任务，如汽车维护作业职责下对应9项工作任务即综合职业能力A对9项专项能力A1…A9。由表4-1所示挖掘《职业能力分析表》的主要工作如下：

表 4-1 机电维修技师职业能力分析表

岗位	工作职责（综合职业能力）	工作任务（专项职业能力）
机电维修技师	A. 汽车维护作业	A1. 从汽车维修服务顾问手里提车与领取工单； A2. 能查询车辆技术档案，初步评定车辆技术状况； A3. 遵循车辆维护工作安全规范，制订维护工作计划，正确选择检测设备和工具对车辆进行维护； …… A8. 对已完成的任务进行记录、存档和评价反馈； A9. 维护案例的编写，同事间交流疑难维护案例
	B. 汽车发动机故障的检修工作	B1. 从汽车维修服务顾问手里领取工单； B2. 能够查询车辆技术档案，初步评定发动机技术状况； B3. 遵循车辆维护工作安全规范，制订维修工作计划； …… B11. 能对发动机各电控系统的传感器、执行器和 ECU 进行故障诊断与维修； B12. 完成维修工作交付。
	C. 汽车底盘各系统故障的检修工作	C1. 从汽车维修服务顾问手里领取工单； C2. 能够查询车辆技术档案，初步评定底盘技术状况； C3. 遵循车辆维修工作安全规范，制订维修工作计划； …… C13. 对已完成的任务进行记录、存档和评价反馈； C14. 维修案例的编写，同事间交流疑难维修案例
	D. 汽车全车电气系统故障的检修工作	D1. 从汽车维修服务顾问手里领取工单； D2. 能够查询车辆技术档案，初步评定电气系统状况； D3. 遵循车辆维修工作安全规范，制订维修工作计划； …… D12. 对已完成的任务进行记录、存档和评价反馈； D13. 维修案例的编写，同事间交流疑难维修案例

① 根据具体岗位，列出岗位主要工作职责。

② 针对某一项工作职责，列出其主要的工作任务。

《职业能力分析表》明确了职业岗位的"综合职业能力"要求和"专项职业能力"要求。

(2) 提升"专项能力"

在职业能力分析中,工作职责对应综合职业能力,工作任务对应专项职业能力。由表 4-1 可知,与某一综合能力相应的专项能力可能有多项,为后续分析方便,对其进行整理排序。排序的规则如下:

① 从简单专项能力到复杂专项能力。

② 从核心专项能力到非核心专项能力。

③ 从认知、感知型专项能力到实操型专项能力。

④ 从程序型专项能力到组织型专项能力。

⑤ 从理解、总结型专项能力到解决问题、应用型专项能力。

在排序完成后,对专项能力进行编号,其编码规则如表 4-2 所示。

表 4-2 专项能力排序

综合能力 \ 专项能力	1	2	3	4	5	…
A	A1	A2	A3	A4	A5	…
B	B1	B2	B3	B4	B5	…
C	C1	C2	C3	C4	C5	…

(3) 职业能力分析工作流程

职业能力分析工作专业性较强、涉及知识面广,需要校企双方指派专业人员来从事本项工作。其工作流程如下。

① 成立职业能力分析专项小组

职业能力分析专项小组成员由校企双方人员构成。企业人员为在本职业岗位上从事多年一线专职工作、具有良好业务能力的员工，可以配备一定基层管理人员。理论上，企业人员应分别从大、中、小型企业中按一定比例挑选。校方的教师从本专业的带头人或骨干教师中选择，同时具备"双师型"资格。原则上学校的人员不应超过专项小组总人数的 1/3，由专项小组成员共同选举小组的组长和副组长。

② 工作分工

小组组长负责职业能力分析工作，并将任务落实到小组成员。本项工作主要由企业人员即企业师傅完成，校方的教师则是配合工作。副组长汇总企业人员提交的职业能力分析材料，并编写初步的《职业能力分析表》。

③ 分析完善《职业能力分析表》

在初步完成《职业能力分析表》后，应召开职业能力分析研讨会，运用"头脑风暴法"、企业调研法、专家咨询法、大数据分析法等。对《职业能力分析表》中存在的问题，小组成员要广泛地发表意见，补充、修改、完善《职业能力分析表》，重点接受企业人员的意见和建议。

4.2.3 课程体系的构建

课程体系是开发人才培养方案的核心内容，决定了教学的整体结构和内容的整体安排。建立符合现代学徒制要求的课程体系，必须全面推进"三教改革"和课程改革。依据课程内容与职业标准、教学过程与生产过程进行对接，与企业共同研究确定相应的教学内容和教学模式，构建基于工作过程工学交替的理实一体化课程体系，构建适合现代学徒制的课程架构。同时，以岗位（群）的职业能力要求为主线，遵循教育规律和学徒成长规律及认知规律，构建现代学徒制课程体系。

(1) 职业能力标准转化为课程标准

依据课程内容与职业标准、教学过程与生产过程进行对接的要求，根据对典型岗位工作任务的职业能力分析，分析本专业通用岗位的基础职业能力和校企合作企业的岗位核心职业能力，即《职业能力分析表》。在遵循有利于培养学生（学徒）职业能力和教学实施的原则下，对《职业能力分析表》中专项能力进行归纳、整理，先将可以单独组成一门课程的专项能力整理出来，再将其他专项能力整合成几门课程。专项能力与课程并不是一一对应的关系，即一项专项能力有可能属于两门以上课程的内容。

(2) 构建校企融合和工学交替的课程体系

根据我国高职高专人才培养目标，按照企业用人需求与岗位资格标准，构建"公共基础课程＋专业技术技能课程＋学徒岗位能力提升课程＋职业能力扩展课程"为主要特征的现代学徒制课程体系。

① 专业技术技能课程

专业技术技能课程分为专业基础课程和专业核心课程。

专业基础课程是面向整个行业通用的岗位（群），培养学徒具有行业通用的基础职业能力，满足该行业对人才的需求而开设的课程。该课程的内容应该"广"而不"深"。

专业核心课程是人才培养方案中的骨干课程，是专业人才培养方案开发的核心部分。专业核心课程是专业课程体系中的核心部分。专业核心课程是为了使学生掌握所在岗位（群）核心职业能力（核心专项能力）而开设的专业课程。

专业技术技能课程的培养目标是使学徒掌握同一行业不同类型的企业所需的基础技术技能。该课程模块的构建也是从职业能力分析入手，以大型企业为主，兼顾中小型企业，多个企业同岗位分析，培养本行业通用型人才。

专业技术技能课程模块的课程设置和教学内容，应包含该行业岗位所需的专业基础理论知识和基本技术技能。

② 学徒岗位能力提升课程

现代学徒制的学生具有学生和学徒的双重身份，现代学徒制是双育人主体即学校和企业。在学徒岗位上，企业成为育人的主体和主要场所。而学徒岗位能力提升课程的构建是为了培养学徒具备胜任合作企业岗位的职业能力需要而开设的。所以，学徒岗位能力提升课程模块应该根据合作企业岗位需求开发企业岗位能力提升课程。为提高学徒岗位适应性，应开发多个岗位能力提升课程，供学徒选择学习。

学徒岗位能力提升课程模块的培养目标是从合作企业岗位能力分析入手，培养学徒具有合作企业某一岗位专有的技术技能。所以，在设置学徒岗位能力提升课程时，应根据合作企业学徒岗位的数量开发相应的课程，以使学徒毕业之前提前适应合作企业不同的岗位需要。根据教育部关于现代学徒制相关文件精神、校企共同开发课程的要求，学徒岗位能力提升课程的开发以企业导师为主、学校导师为辅，且课程内容以岗位实践性为主，以企业师傅带徒方式进行授课。

③ 职业能力扩展课程

现代学徒制课程体系不但要考虑学徒职业技术技能的学习，而且还要考虑学徒自身的个性发展需要，应设置职业能力扩展课程，以供学徒根据自身职业发展规划来选择。

职业能力扩展课程的培养目标是根据学徒的兴趣和职业发展特长，培养学徒适应职场变化及提高就业的能力。该模块课程以实践性为主，以企业师傅带徒方式进行授课。

以上是现代学徒制专业课程体系的构建。"专业课程＋公共基础课程"

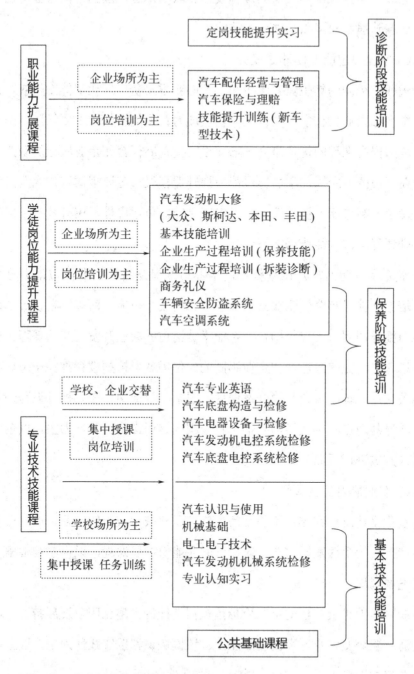

图 4-2 汽车运用与维修技术专业现代学徒制人才培养模式和课程体系

构成了完整的人才培养方案的课程体系。

（3）现代学徒制课程体系案例

根据汽车运用与维修技术专业的特点，构建了基于工作过程的由"学校课程＋校企联合课程"组成的"公共基础课程＋专业技术技能课程＋学徒岗位能力提升课程＋职业能力扩展课程"课程体系。如图4-2所示。以培养学生文化基础和职业素养为基础，遵循学生职业能力的发展规律，根据岗位（群）能力要求，紧密联系企业生产实际及生产过程，按照"基本技术技能培训（初级工）→保养技能培训（中级工）→诊断检修技能培训（高级工）"三阶段递进能力提升培养思路，严格执行育人的双主体、双场所、工学交替，校企共同实施教学管理。

4.2.4 人才培养方案的构建

以汽车运用与维修技术专业的人才培养方案作为人才培养方案体例说明人才培养方案的主要构成。

一、专业名称及代码

（一）专业名称

（二）专业代码

二、学制与招生对象

（一）学制

（二）招生对象

三、就业面向

说明：主要说明本专业培养的学徒初次就业面向的职业和岗位。

四、专业人才培养目标

参考样例（以汽车运用与维修技术专业为例）：

本专业培养拥护党和国家的方针政策，德、智、体、美全面发展，适应鄂尔多斯及周边地区经济社会发展，服务鄂尔多斯市华丰（大众）汽车销售服务有限公司、鄂尔多斯市信达通汽车销售服务有限责任公司、鄂尔多斯市信得惠德丰汽车销售服务有限公司、鄂尔多斯市芝丰汽车销售服务有限公司。汽车维修服务业需要遵纪守法，具有良好的职业道德和敬业精神以及人格修养，掌握汽车各个总成系统的基本知识，具有对车辆进行维护、修理、故障诊断的基本技能，能与客户进行良好沟通的高端技能型人才。

五、人才培养规格及模式

（一）知识目标

（1）

（2）

……

（二）能力目标

（1）

（2）

……

说明：能力目标是《职业能力分析表》中各项能力的汇总。

（三）素质目标

（1）

（2）

……

六、课程设置与分工

说明：课程按"公共基础课程＋专业技术技能课程＋学徒岗位能力提升课程＋职业能力扩展课程"进行分类，并标出专业核心课程。课程分工：学校独立负责授课课程、校企交替授课课程、企业独立负责授课课程。

序号	课程类型	课程名称	分工	职业资格证书
1				
2				
…				

七、典型工作任务列表（职业能力分析）

（一）职业能力分析表

×××××专业职业能力分析表

岗位	工作职责 （综合职业能力）	工作任务 （专项职业能力）
	A	A1. A2. …
	B	B1. B2. …
	C	C1. C2. …

（二）职业能力对应课程列表

×××××专业职业能力与课程列表

岗位	工作职责（综合职业能力）	工作任务（专项职业能力）	理论知识课程	技术方法课程	职业活动课程
	A	A1. A2. …			
	B	B1. B2. …			
	C	C1. C2. …			

八、教学进程表

×××××专业教学进程表

课程体系	课程名称	课程代码	课程类型	学分	总学时	理论学时	实践学时	考核方式	周学时分配					
									第一学年		第二学年		第三学年	
									1	2	1	2	1	2
									20	20	20	20	20	20
公共基础课程（必修）														
	小计													

续表

课程体系	课程名称	课程代码	课程类型	学分	总学时	理论学时	实践学时	考核方式	周学时分配					
									第一学年		第二学年		第三学年	
									1	2	1	2	1	2
									20	20	20	20	20	20
专业技术技能课程（必修）														
	小计													
学徒岗位能力提升课程（必修）														
	小计													
职业能力扩展课程（选修）														
	小计													
	共计													

九、校企工学交替式课程的教学安排

……

十、毕业标准

……

4.3 探索现代学徒制课程标准开发

课程标准是按照人才培养方案实现人才培养目标和规范课程建设、课堂教学的组织实施及课程评价等指导性文件。课程标准明确了课程的教学目标和考核方案，详细论述课程教学的主要内容，对教学相关文件的开发提出开发思路。由于现代学徒制课程标准的开发具有双主体（学校和企业）特性，所以现代学徒制课程标准的开发思路与传统的课程标准开发思路不同。在现代学徒制课程标准开发中，借鉴全国现代学徒制工作专家指导委员会编制的《现代学徒制专业教学标准和课程标准开发指南》，结合鄂尔多斯职业学院与合作企业多年关于现代学徒制的人才培养经验，探索现代学徒制课程标准开发的方法和思路。

4.3.1 现代学徒制课程标准开发思路与流程

根据现代学徒制课程的特点和课程建设内容与实施主体结构的特点，以提高学徒培养质量和育人效果为出发点，以课程标准的实操性、可行性和有效性为前提，遵循课程教学内在逻辑关系和岗位职业能力成长规律，开发符合现代学徒制要求的课程标准。专业课程标准开发的主要内容包括课程教学目标、规划学习任务（模块、项目）、学习任务（模块、项目）的教学活动设计、课程考核方案及课程实施建议等。根据这些内容的内在联系和开发顺序编制现代学徒制专业核心课程标准，开发流程如图 4-3 所示。

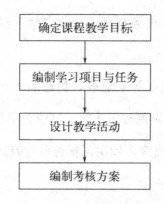

图 4-3　现代学徒制课程标准开发流程

(1) 确定课程教学目标

课程教学目标是课程开发和教学的出发点和落脚点。课程教学目标设置是否正确关系到课程教学过程是否能与生产过程紧密对接,关系到人才培养质量。课程教学目标一般包括知识目标、能力目标和素质目标。在三大目标中,能力目标是专业课程的核心目标。

(2) 编制学习项目与任务

将《职业能力分析表》中专项能力进行归纳、整理,组成专业课程。而专项能力在《职业能力分析表》中对应企业岗位的典型工作任务或工作过程,这些典型工作任务或工作过程不能直接用于课堂教学。因此,编制学习项目与任务是将企业岗位的典型工作任务或工作过程转化为适用于教学的学习项目与任务。

(3) 设计教学活动

编制完学习项目与任务后,如何编写学习的内容,如何组织教学,在什么样的情景下、用什么教学方法和教学模式让学徒完成学习任务,就是学习任务设计。通过设计学习任务,直接细化了学徒需要培养的职业能力、技术技能知识等，实现学习任务与企业岗位典型工作任务或工作过程的紧密对接。

教学活动的实施采用高等职业教育特有的教学方式，比较常见的如项目教学法、角色扮演法、案例教学法等。这些教学方式的实施必须在具体的"教学方案"中才能体现出来，如学习任务设计方案、项目策划方案、项目任务书、教学案例等。

（4）编制考核方案

与现代学徒制的人才培养方案改革相适应，专业课程考核的方式也发生了重大变革。能力目标的掌握程度是专业课程考核最重要的指标，以"直接生产"的产品质量、"间接生产"的服务质量、实际技术水平等作为评价学生（学徒）出徒的主要依据，更加注重考核标准的公平性和合理性。

4.3.2 编制课程教学目标

课程教学目标是指学校课程所要达成学生身心发展的预期结果，是课程设计与开发过程中课程本身要实现的具体要求，期望一定阶段的学生在德、智、体、美、劳等方面达到相应的程度。现代学徒制的课程特别是专业技术技能课程主要培养学徒的岗位职业能力和综合职业素养能力，提高与企业工作岗位的匹配度，促进学徒就业质量的提升。因此，在现代学徒制的人才培养模式下，高职院校如何设计课程教学目标，并将其作为课程内容设计的导向，是编制课程标准的首要任务。下面从课程教学目标定位、构建流程和目标编制三方面讨论如何构建现代学徒制模式下的课程教学目标。

4.3.2.1 课程教学目标定位

课程教学目标定位关系到课程内容设计的方向。如果定位不准确，将直接影响教学质量和效果。课程教学目标定位从教学目标的核心目标和满足教学对象的发展两个方面展开。

（1）核心教学目标：培养学徒职业能力，提升岗位胜任能力

课程教学目标的设置必须围绕"培养什么样的人"为中心开展，即企业现在缺什么样的人才，工作岗位上的员工应该具备哪些基本知识、技术技能和综合素质。知识目标、能力目标、素质目标是课程教学目标设置必须考虑的三大目标。在三大目标中，能力目标是专业课程目标的核心目标。学徒只有掌握所在岗位的职业能力，才能胜任所在岗位，从而满足企业对人才的需要，所以课程教学目标的核心目标是培养学徒职业能力，提升岗位胜任能力。

（2）满足学徒的全面发展

"公共基础课程＋专业技术技能课程＋学徒岗位能力提升课程＋职业能力扩展课程"等构成了现代学徒制课程体系，其核心是为企业培养技术技能型人才，但良好的道德品质和良好的职业素养是一名员工长远发展的重要因素。现代学徒制作为一种人才培养模式，其培养目标也是从德、智、体、美、劳等方面全面培养，所以课程教学目标应从技术技能目标向综合素养目标转移，重点培养学徒的适应能力、沟通能力、就业能力、终身学习能力，为学徒长远可持续发展奠定良好的基础，所以现代学徒制课程教学目标的设置必须满足学徒全面发展的需要。

4.3.2.2 课程教学目标构建流程

现代学徒制人才培养模式的实行，涉及政府教育部门、行业、企业和

学徒等各方利益主体。可将各方的利益需求与教育教学规律相结合，划分为具体的课程教学目标。现代学徒制模式下，课程教学目标的构建需要做以下工作。

(1) 成立组织机构

现代学徒制课程设计需要涉及行政校企多方协调合作，共同推进校企合作、推动产教深度融合和培养高质量的技术技能人才协同合作。在政府牵头下，由高校具体组织行业、企业共同研究制定课程标准。由图4-4可以看出，现代学徒制的课程设计是在各级组织机构的合力推动下开展工作的。校企合作职教联盟作为统领机构，学校专业建设委员会统一协调审核各专业的课程设计，学院二级部门专业负责人、课程负责人和企业相关岗位的工程师共同组成课程设计开发团队，负责具体课程开发任务。

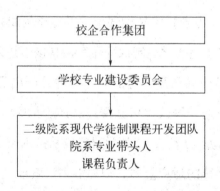

图4-4　现代学徒制组织机构

(2) 校企共建课程教学目标需求分析

现代学徒制课程开发工作启动后，先调研分析学校、企业、行业等各自的需求，一方面是学校对现代学徒制的人才培养质量的要求，另一方面是行业、企业对现代学徒制人才培养的期望和企业岗位对学徒的要求。在综合分析下，制定出现代学徒制课程对应核心职业能力，为课程教学目标的开发指明方向。

① 高职院校需求分析

2017年鄂尔多斯职业学院被教育部确定为第二批现代学徒制试点单位。学院开展现代学徒制试点工作以来，四个专业严格按照学院《教育部"现代学徒制"试点工作任务书》的要求，有序推进试点工作，完成了各项建设任务，实现了预期建设目标。从试点专业建设情况来看，高职院校需要分析自身的具体情况，主要分析学校办学历史、专业建设情况、师资情况、学生综合素质以及实验实训的软硬件情况，分析专业建设的优势和不足，从而综合评价确定现代学徒制试点专业。高职院校学生整体知识结构薄弱，理论学习兴趣不高，但是学生对动手操作比较感兴趣，所以高职院校的人才培养定位是培养技术技能型复合人才。

② 企业需求分析

校企合作产教融合是现代学徒制人才培养的有效途径，企业在现代学徒制改革中处于中心地位，现代学徒制课程目标以服务行业企业为宗旨。全面了解掌握企业岗位对人才的要求是开展现代学徒制课程教学目标构建的首要中心任务。根据我国高职高专人才培养目标，按照企业用人需求与岗位资格标准，构建"公共基础课程＋专业技术技能课程＋学徒岗位能力提升课程＋职业能力扩展课程"为主要特征的现代学徒制课程教学体系。不同类型的课程分析需求的对象不同。现代学徒制在制定课程教学目标时，主要调查研究岗位职业能力和综合素质的需要，而同一行业不同企业岗位存在差异，同一企业不同岗位需求可能不同或不同企业同一岗位需求也存在差别，所以在调研岗位所需技术技能时，应根据现代学徒制的人才培养方案的课程体系进行分层调研。根据鄂尔多斯职业学院现代学徒制课程体系，专业技术技能课程分为专业基础课程和专业核心课程。在设置专业基础课程教学目标时应面向整个行业通用的岗位（群），分析同一行业通用的基础职业能力和综合素质，满足该行业对人才的需求；在设置专业技术技能课程教学目标时应面向同一行业不同类型的企业所需的基础技术技能。从职业能力分析入手，以大型企业为主，兼顾中小型企业，多个企业同岗位分析，分析本行业对通用型人才的需求；而学徒岗位能力提升课程教学目标面向合作企业即学徒岗位职业能力和综合素质需求，即培养学徒具有胜任合作企业的岗位职业能力需要；职业能力扩展课程主要考虑学徒自身的个性发展需要设置，供学徒根据自身职业发展规划来选择。职业能力扩展课程教学目标一般也是面向合作企业。以鄂尔多斯职业学院为例，校企合作企业基本是本地区龙头企业，代表了当地企业领先水平，使课程教学目标的设置要求符合企业的发展方向，同时保障了学徒的职业能力扩展需要。对企业岗位需求的调研是一项非常复杂的工作，需要校企合作深度融合，持续改进，不断完善调研分析。通过对企业岗位职业能力特别是核心职业能力细化，为后续课程内容的设计指明方向。例如鄂尔多斯职业学院汽车工程系对鄂尔多斯地区汽车维修4S店机电维修技师岗位进行调研，并对岗位的职业能力进行划分，表4-3所示为机电维修技师岗位汽车底盘各系统故障的检修能力分析表。

如表4-3所示，在14项专项职业能力中，C5—C8是机电维修技师岗位汽车底盘各系统故障检修能力的核心能力，这四大核心能力为《汽车底盘构造与检修》课程的教学目标和课程内容设计指明了方向。

表 4-3 机电维修技师岗位汽车底盘各系统故障的检修能力分析表

岗位	工作职责（综合职业能力）	工作任务（专项职业能力）
机电维修技师	C 汽车底盘各系统故障的检修工作	C1. 从汽车维修服务顾问手里领取工单 C2. 能够查询车辆技术档案，初步评定底盘技术状况 C3. 遵循车辆维修工作安全规范，制订维修工作计划 C4. 能熟练拆装汽车底盘各系统总成、零部件，正确判定其工作、使用状况 C5. 能对底盘传动系统进行故障诊断与维修 C6. 能对底盘行驶系统进行故障诊断与维修 C7. 能对底盘转向系统进行故障诊断与维修 C8. 能对底盘制动系统进行故障诊断与维修 C9. 能对汽车底盘各电控系统的传感器、执行器和 ECU 进行故障诊断与维修 C10. 完成维修工作交付 C11. 工位区域环境的清洁和保持，根据环境保护要求处理使用过的辅料、废气液体及损坏零部件 C12. 设备及工具的检查，工位设备及工具的维护与保养，问题设备及工具的维护的汇报 C13. 对已完成的任务进行记录、存档和评价反馈 C14. 案例的编写，同事间交流疑难维护案例

（3）课程教学目标的生成

课程教学目标是指预期的学习结果，即期望学生学习某门课程后能达到的职业能力水平。职业教育课程教学的主要目标是培养职业能力，因而应突出对工作知识、技能、态度（素质）的学习和养成。课程教学目标的分类目前主要分为两种：第一种，专业能力目标、方法能力目标、社会能力目标；第二种，知识目标、能力目标、素质目标。根据鄂尔多斯职业学院现代学徒制多年实施情况，采用第二种分类方法来构建课程教学目标。

在编制课程教学目标时应注意的事项：

a. 课程教学目标表述应该是一种学习结果，有明确的行为过程和终点。知识目标表述为"掌握+方法、原理等"，如掌握底盘各系统主要零部件的结构和基本工作原理。能力目标在表述时应采用动宾结构来表述，基本表述方式为"能+动词+方案、标准等"，如能编制粗加工程序。素质目标表述为"具有+精神、态度等"，例如具有团队合作的精神。

b. 在三大目标中，能力目标是核心，其具有自己的基本特征：每一项能力均具有可操作性，对应一项具体的工作过程或任务，每一项任务一般由多个步骤来完成，并且均能产生产品、服务等可观察或检验的成果。本书以《汽车底盘构造与检修》课程教学目标为例进行分析，如表4-4所示。本课

表4-4 《汽车底盘构造与检修》课程教学目标

课程目标分类	目标描述
知识目标	1. 掌握汽车底盘各系统主要零部件的结构和基本工作原理 2. 掌握汽车底盘维修的组织与实施方法和维修的一般原则 3. 掌握汽车底盘各系统有关维修标准 4. 掌握汽车底盘机械系统常见故障的诊断技术与检修方法
能力目标	1. 能根据汽车底盘的基本知识对底盘机械故障进行分析 2. 能熟练操作工具和设备对底盘机械故障进行检修 3. 能制定条理清晰的汽车底盘机械故障维修诊断方案 4. 能根据车型特点熟练查找相应维修资料，并能按照维修资料的描述排查故障
素质目标	1. 具有良好的操作习惯和安全生产意识 2. 具有与他人共同完成任务的能力 3. 具有认真扎实、一丝不苟的工作态度 4. 具有敬岗爱业和团队合作精神

程的教学目标由知识目标、能力目标、素质目标构成。知识目标包括汽车底盘结构、故障维修、诊断等原理、标准、方法；能力目标即职业能力目标，包括对汽车底盘机械故障的分析、维修、故障排查和工具的使用等能力；素质目标则包含从事本岗位所需的"安全意识、工作态度、合作精神"等综合素质，是完成工作任务必须具备的品质。

4.3.3 编制学习项目与任务

在现代学徒制课程体系中，除公共基础课程外，专业技术技能课程、学徒岗位能力提升课程、职业能力扩展课程的内容应尽可能基于工作过程或典型工作任务来设计。而企业的工作过程或典型工作任务不能直接用于课堂教学，所以应根据职业教育规律，从职业能力（能力目标）分析出发，开发出与企业的工作过程或典型工作任务相对应的适合课堂教学的学习项目与任务。学习项目与任务编制流程如下。

（1）从职业能力分析出发

对《职业能力分析表》中的专项能力进行归纳、整理，组合成专业课程，而专项能力在《职业能力分析表》中对应企业岗位的典型工作任务或工作过程。专项能力对应一项学习任务，非核心专项能力可以合并到核心专项能力中。例如在汽车运用与维修技术专业人才培养方案中，如表 4-1 机电维修技师职业能力分析表中，汽车底盘各系统故障的检修工作包含专项能力 C1—C14，其中核心专项能力有五项，分别为：C4. 能熟练拆装汽车底盘各系统总成、零部件，正确判定其工作、使用状况；C5. 能对底盘传动系统进行故障诊断与维修；C6. 能对底盘行驶系统进行故障诊断与维修；C7. 能对底盘转向系统进行故障诊断与维修；C8.能对底盘制动系统进行故障诊断与维修。所以汽车底盘构造与检修课程内容总体结构分为对应的五项学习项目与任务。任务一：汽车底盘的认知；任务二：传动系统的检修；任务三：行驶系统的检修；任务四：转向系统的检修；任务五：制动系统的检修。

（2）项目任务的描述

在项目任务划分后，应对每个项目任务的具体内容进行详细的描述。对应课程目标从知识、能力、素质三个维度进行描述。详细列出每项任务需要掌握的知识点的具体内容，注意不能用"基础知识""相关理论"等概念来描述知识点的具体内容，而且要描述清楚知识、技能学习要求和学习结果，学习要求和学习结果要定量或定性描述。能力目标是课程教学目标的核心，所以知识目标和素质目标可以融合到能力目标（技能）中描述。项目任务的描述格式可以为"能＋根据＋标准/规范＋任务对象＋任务完成要求"。以传动系统的检修项目为例来分析项目任务的描述如表 4-5 所示。

表 4-5 由项目任务名称、项目任务描述和参考学时三部分构成。传动系统的检修项目任务包括三部分内容即分为三个分项目，每部分内容都包括知识目标、能力目标、素质目标。如"学生能够运用离合器组成、工作原理，根据离合器就车拆卸、检测、调整的作业标准及汽车维修工操作规范，能够查阅维修手册，根据故障现象初步判断故障原因，完成离合器异响故障检测与维修任务"的描述。其中"离合器组成、工作原理"属于知识目标，而"根据离合器就车拆卸、检测、调整的作业标准及汽车维修工操作规范，能够查阅维修手册，根据故障现象初步判断故障原因，完成离合器异响故障检测与维修任务"是素质目标和能力目标融合描述。

表 4-5 传动系统的检修项目任务描述

项目任务名称	项目任务描述	参考学时
传动系统的检修	通过传动系统故障检测与维修项目 1）学生能够运用离合器组成、工作原理，根据离合器就车拆卸、检测、调整的作业标准及汽车维修工操作规范，能够查阅维修手册，根据故障现象初步判断故障原因，完成离合器异响故障检测与维修任务 2）能够运用手动变速器组成、工作原理，根据手动变速器就车拆卸、手动变速器拆装、变速器零部件清洗、零部件检测、变速器操纵机构调整、零部件维修和更换的作业标准及汽车维修工操作规范，能够查阅维修手册，根据故障现象初步判断故障原因，完成手动变速器故障检测与维修任务 3）学生能够运用主减速器及万向传动装置组成、工作原理，根据主减速器及万向传动装置就车拆卸、主减速器及万向传动装置拆装、清洗、检测、啮合间隙调整、啮合区域、零部件维修和更换的作业标准及汽车维修工操作规范，能够查阅维修手册，根据故障现象初步判断故障原因，完成传动系统故障检测与维修任务	32

4.3.4 设计教学活动

每一项"项目任务"的学习必须有具体的教学过程，这个过程称为"教学活动"。一组特定的"教学活动"构成一个工作过程，而这个特定的"工作过程"是模拟企业岗位上对应的"工作过程"。

设计教学活动时，根据项目任务的内容描述可以将项目任务分解成若干个教学活动。每个教学活动设计的具体内容包括学习目标、训练内容、教学方法、学习教学载体、教学资源、教学环境、考核评价等。不同的"项目任务"分解成教学活动时，分解方式可能不同。基于工作过程的项目任务分解方式一般分为两种：第一种是按典型工作过程环节分解成若干教学活动。比如在生产集成控制电路工作中，"制作声控灯集成控制电路"是一个项目任务，根据其在企业设计生产制作流程，可以将此项目任务分为绘制电路原理图、电路性能仿真、制作 PCB 图、元器件焊接、控制电路的调试五个教学活动。这五个教学活动按照工作过程顺序是"绘制电路原理图→电路性能仿真→制作 PCB 图→元器件焊接→控制电路的调试"。前一个教学活动结束后才能开始后一个教学活动的学习。第二种是根据项目任务的内容，可以将其划分为若干个平行执行的教学活动。比如"汽车底盘传动系统检修"是一个项目任务，此项目任务分为离合器检修、手动变速器检修、主减速器检修、万向传动装置检修四个教学活动。这四个教学活动在车辆检修中没有必然的先后顺序，但是考虑到四种设备检修的难易程度，可以先易后难，对四个教学活动的具体学习顺序进行合理编排。设计离合器检修教学活动如表 4-6 所示。

表 4-6　离合器检修教学活动的设计

学习项目	内容描述	参考学时：8
学习目标	掌握离合器的结构、原理和功能；掌握离合器检修项目技术标准和方法	
学习内容	离合器拆装、故障检测与维修	
训练内容	离合器拆装与检修	
教学载体	实车、实训台架	
教学方法	问题引入法、项目教学法、角色扮演法	
教学资源	课件、维修手册、实车、实训台架	

续表

学习项目	内容描述	参考学时：8
教学环境	汽车实训车间	
教学形式	理实一体化	
考核评价	过程考核+任务工单	

在表4-6中，详细介绍了离合器检修教学活动的具体内容。根据《职业能力分析表》和课程教学目标确定学习目标和学习内容。在教学活动具体实施过程中，教学方法是决定学徒学习效果的主要因素之一。下面着重介绍问题引入法、项目教学法、角色扮演法等教学方法。

（1）问题引入法

问题引入法是指授课教师根据教学活动内容凝练出富有代表性的问题，引起学徒的兴趣、联想、思考，从而诱发学习兴趣和探究问题欲望的一种方法。问题引入法引入的形式有多种，可以由教师提出疑问，可以由学生提出自己疑惑的问题；教师也可以直接提出问题，或根据教学活动内容设置悬疑等。

（2）角色扮演法

角色扮演法通过不同的角色，使学生体验到不同的角色职责，使学生从多方面主动思考、解决问题，引导学生站在多角度思考问题，提出不同角色的行为感受和评价。

（3）项目教学法

项目教学法主要使用理实一体化课程的教学方法。项目教学法是设计一个相对独立的项目，由学生从项目信息收集、方案的设计、方案的实施等方面去思考并完成，教师对学生完成的结果进行评价指导，学生根据指导教师提出的意见对作品进行修改完善，从而达到培养学生独立自主学习、独立思考问题的能力。

① 项目教学法的基本特征

a. 以工作任务为出发点。根据教学项目特点对典型的岗位工作任务内容进行整合，围绕工作任务的环节流程设计相应的教学活动。此教学方法突破了传统学科之间的界限。

b. 以学生为中心。在项目教学法实施中，从项目信息收集、项目方案制定、方案的实施、问题的提出到成果评价等每个学习过程，学生是主体。项目教学法改变了传统课堂以教师教授为主、学生被动接受课堂内容的学习方式，可以有效提高学生学习的主动性和积极性。

c. 以项目作品为考核评价依据。学生主动完成项目，收获了专业知识、职业技能，培养了职业素质，这些收获体现在具体的项目成果中。这些成果是教师评价学生课程成绩的主要依据。

② 项目教学法的构成要素

项目教学法的实施主要由内容、活动、情境和结果四大要素构成。

a. 内容。项目教学面向企业真实工作岗位，其主要内容来自真实的工作情景中的典型工作任务，项目内容是再现或模拟企业实际生产过程或实现某种商业活动，而不是简单的对理论知识或实际操作的学习。

b. 活动。项目教学的活动主要指学生通过一定的学习方法再借助一定的工具设备来完成一项具体工作任务。在项目教学中，不是像传统的授课方式一样，学生在教室里被动地接受知识，而是着重于实践训练，通过完成项目收获专业知识、专业技能和综合素质。

c. 情境。情境是指学生在学习时所处的环境，最有利于学生学习的是真实的工作环境，也可以是"仿真"的工作环境。真实的工作情境有利于促进学生快速投入学习和掌握专业实践知识。

d. 结果。结果是指学生在完成项目过程中学会的专业知识、职业技能和获得的综合素质等。

4.3.5 编制考核方案

现代学徒制课程考核方案应与现代学徒制教学改革相适应，现代学徒制教学改革主要培养学徒岗位职业能力即学徒胜任工作岗位的能力，所以传统学科型的考核方式不适合现代学徒制的人才培养模式。有效合理的考核评价方案是现代学徒制人才培养实施过程质量的保证，同时也是学徒学习方向的指挥棒。建立以行业企业为引导、校企及顾客三方参与的考核评价方案。课程考核方案内容包括教学目标考核、考核标准、考核依据、考核方式等。

（1）教学目标考核和考核标准

课程考核的目的是测试评价学生学习课程是否达到预期学习效果。而课程教学目标也是指预期的学习结果，所以教学目标考核应包括知识、能力、素质三方面内容。表4-7为学徒工作成绩考核表。该考核表6S管理、工作态度考核的是学徒的素质目标，岗位能力考核的是学徒的知识目标、能力目标、素质目标。

现代学徒制课程特别是技术技能课程的考核标准，根据岗位对职业能力的要求，由企业、学校对岗位任务进行细化，制定考核标准。如表4-8所示是酒店管理专业前厅接待员岗位技能评价表。

表 4-7 学徒工作成绩考核表

教学目标	考核项目	考核标准				得分
6S管理(12分)	6S管理标准	不主动，需不断督促(2分)	日常工作能完成，但任务需督促(4分)	主动开展工作(8分)	一直能主动工作且工作效果显著(12分)	
工作态度(44分)	主动感	只能照章行事，需不断督促(2分)	日常工作无须指示，但新任务需督促(5分)	主动开展工作(9分)	一直主动工作且工作有思路，有创新(12分)	
	责任感	应付工作且经常推卸责任(2分)	责任心一般，不能主动承担责任(5分)	了解自己的职责且有责任心(9分)	竭尽所能并勇于承担责任(12分)	
	积极性	对待工作推诿，不积极主动寻求问题的解决方案(2分)	一般的工作能主动承担，积极完成，有难度的工作不敢承担(5分)	能主动承担并积极完成工作，对一些难度大的工作也主动承担，但效果一般(8分)	积极寻求解决问题的方案，即使困难的工作也主动承担，积极去完成，并且完成效果较好(10分)	

续表

教学目标	考核项目	考核标准			得分
工作态度(44分)	纪律性	自我约束差，时常出现违纪现象(2分)	提示，要求下能够遵守纪律和规章(5分)	能自觉遵守各项纪律与规章(8分)	遵章守纪，并教育、影响他人(10分)	
	专业知识	岗位必需基本专业知识掌握甚少(2分)	掌握岗位相关知识，但运用过于机械化(5分)	掌握岗位相关知识，并能灵活运用(9分)	专业知识丰富，能融会贯通(12分)	
	协调沟通	工作中始终处于被动局面(2分)	不影响工作，但沟通不够主动(5分)	协调、沟通方法得当(9分)	善于协调与沟通且卓有成效(12分)	
岗位能力(44分)	适应能力	不适应在新的环境中工作(2分)	基本适应在新的环境中工作，但比较难融入公司文化理念的氛围(5分)	适应在新的环境中工作，基本能够融入在公司文化理念的氛围(8分)	适应能力很强，能在公司文化理念的氛围下充分发挥(10分)	
	创造性	无创造性可言(2分)	有追求创新的意识(5分)	经常改进工作(8分)	创造性很强且效果卓有成效(10分)	

注：每项考核项目根据学徒达到的相应考核标准获得不同的成绩。例如考核项目为6S管理标准，如果学徒的考核达到"主动开展工作"的考核标准，则该项考核成绩得分8分。

表 4-8　酒店管理专业前厅接待员岗位技能评价表

序号	模块	任务	分值	得分
1	散客预订（25分）	客人抵达前台，及时接待，主动热情地问候	3	
2		可用房查询迅速，房型、设施、布局方位、房价介绍准确流利	6	
3		预订操作精准，客人称谓、联系方式、预订房间数量、抵离期、价格及特殊信息填写完整准确，并向客人复述	6	
4		增加预订操作，要求同上	6	
5		迅速修改抵期/离期、预订取消操作准确	4	
6	入住登记（35）	客人抵达前台，及时接待，主动热情地问候	3	
7		宾客查询功能运用熟练，迅速找到客人预订信息，并与客人核对房型、抵离期、房价等信息	3	
8		排房、锁房迅速、合理	3	
9		按流程办理入住，读取客人身份证，制房卡	4	
10		打印住宿登记单并请客人签字	3	
11		收取押金（或刷预授权）操作迅速准确	4	
12		客人身份证上传公安系统	2	
13		将房卡、身份证、银行卡与刷卡单等双手递还给客人	2	
14		为宾客介绍早餐地点与用餐时间，为客人指引电梯位置，或请礼宾员为客人服务，祝愿客人入住愉快	3	
15		将客人信息录入系统	4	
16		根据客人要求处理换房	4	

续表

序号	模块	任务	分值	得分
17	退房办理（30）	读房卡/报查迅速准确，填写表格清晰	4	
18		一日房费、宾客赔偿、客房吧消费挂账	8	
19		根据客人要求办理结账	10	
20		按客人要求开发票	5	
21		公安系统退房，填写表格，账单单据整理	3	
22	服务礼仪（10）	确认客人姓名后，至少在对话中称呼客人5次	5	
23		热情、礼貌回答客人的问询，应变能力强	5	
	合计		100	
		考评人签字：		

（2）考核依据和考核方式

现代学徒制下课程考核主要以过程操作和任务完成情况为依据，如实操训练、项目报告、实验报告、笔试考核成绩等。

现代学徒制下课程考核方式与传统的学科考核最大的区别是注重过程考核。在现代学徒制课程体系下，公共基础课程偏重理论素养的考核即理论考核，而校企联合授课和企业课程则偏重岗位能力考核即实操考核。实操考核又分为过程性考核和综合考核。如表4-9所示，根据现代学徒制课程类别的不同设置考核内容与比例、考核依据方式、评价人。校企课程和企业课程注重学徒的过程性考核。综合考核是学徒在工作岗位上完成学习培训后，根据岗位的职业能力要求，校企对学徒的一种综合评价。如表4-10所示，该表是汽车运用与维修技术专业学徒在企业工作的综合评价。

表 4-9　现代学徒制不同课程类别考核

课程类别	考核内容与比例	考核依据方式	评价人
学校课程	学习过程性评价 40%	出勤、作业、课堂表现	学校教师
	知识掌握结果性评价 60%	开、闭卷考试，大作业	
校企课程	学习过程性评价 40%	出勤、作业、课堂表现	学校教师
	工作行为表现评价 60%	在岗学习表现	企业导师
企业课程	学习过程性评价 40%	学习工作表现，周志、课程总结等	企业导师
	技能评价 40%	技能考核	技术负责人
	工作成果评价 20%	工作业绩	顾客或技术负责人

表 4-10　学徒综合评价考核表

项目	评价内容	评价标准	得分
工作表现（40 分）	工作纪律遵守情况（20 分）	A. 能严格遵守车间规定的作息时间和厂规厂纪（20 分）	
		B. 基本能遵守（12 分）	
		C. 不能遵守（8 分）	
	工作态度与表现（20 分）	A. 工作主动，事事主动干（20 分）	
		B. 工作主动性不强，但能完成师傅安排的事情（12 分）	
		C. 工作不主动，不能完成师傅安排的事情（8 分）	

续表

项目	评价内容	评价标准	得分
基本技能（60分）	学习意识（20分）	A.主动学习意识强，能正（准）确使用工量具，并按要求检查和摆放工量具（20分）	
		B.有一定的主动学习意识，会使用工量具，基本按要求检查和摆放工量具（12分）	
		C.主动学习意识差，不会使用工量具，不能按要求检查和摆放工量具（8分）	
	任务执行情况（20分）	A.会看保养（维修）手册，认真执行任务（20分）	
		B.基本会看保养（维修）手册，能完成任务（12分）	
		C.不熟悉保养（维修）手册，不能完成任务（8分）	
	设备操作、保养与工装整洁（20分）	A.能熟练操作设备，每天坚持保养，能保持工装整洁（20分）	
		B.基本能操作设备，每天按要求保养，工装比较整洁（12分）	
		C.操作设备不熟练，保养不到位，处理或反馈设备异常能力差，工装不整洁（8分）	
师傅评价			
技术负责人			
人事主管评价			
学校指导教师评价			

注：每项评价内容根据学徒达到的相应评价标准获得不同的成绩。例如评价内容为工作纪律遵守情况，如果学徒的考核达到"基本能遵守"的评价标准，则该评价内容得分12分。

4.3.6 核心课程标准示例

核心课程标准示例

课程代码：

一、制定课程标准的依据

说明：依据主要包括×××专业人才培养方案、×××工种国家职业标准和面向的职业岗位职责等。

二、课程性质与作用

说明：课程性质与作用主要说明课程的地位、定位及功能以及课程内容、培养学徒的职业能力和综合素质等。

三、本课程与其他课程的衔接关系

说明：课程衔接关系主要包括前期课程和后续课程，前期课程可以为本课程的学习提供支撑作用，本课程可以为后续课程的学习提供支撑作用。

四、课程教学目标

（一）知识目标

（二）能力目标

（三）素质目标

五、课程总体设计

说明：课程总体设计根据职业教育规律，从职业能力（能力目标）分析出发，将课程内容设计开发成与企业的工作过程或典型工作任务相对应的适合课堂教学的学习项目与任务，如表4-11所示。

表 4-11 课程总体设计

开设学期		参考总学时		
编号	任务、项目名称	任务、项目等描述		参考学时
1				
2				
…				

六、情境（任务、项目等）具体设计

说明：情境（任务、项目等）具体设计即教学活动的设计，是项目任务实施的载体。一个具体项目任务可以由多个教学活动支撑本项目任务的完成。教学活动设计样式见表 4-6。

七、考核方案

说明：根据现代学徒课程类别，设计课程考核方案。考核方案一般包含考核内容、考核标准、考核方式、考核形式、考核比例等内容。考核方案是由校企联合制定的。

八、教学基本条件

（一）教学团队基本要求

说明：团队的规模、对团队成员专业教师和课程负责人的能力要求、"双师型"教师的比例等。

（二）校内实验实训基本条件要求

说明：校内实验实训基本条件要求包括实训场地的面积、实训的设备及功能说明。

(三)校外实训基地基本条件要求

说明:校外实训基地一般设在现代学徒制合作的企业,企业的规模、生产设备的功能。

九、课程建设与实施建议

说明:课程建设与实施建议主要涉及课程教材的选用编写、教学资源的开发、具体的教学实施方案等。

第5章

校企互聘共用"双导师"队伍的探索与实践

《教育部办公厅关于全面推进现代学徒制工作的通知》(教职成厅函〔2019〕12号)对"双导师"团队建设提出要求,推广学校教师和企业师傅共同承担教育教学任务的"双导师"制度。校企双方设立兼职教师岗位和学徒指导岗位,建立完善"双导师"选拔、培养、考核、激励等办法,加大学校与企业之间人员互聘共用、双向挂职锻炼、横向联合技术研发和专业建设的力度,打造专兼结合的"双导师"团队。

5.1 "双导师"制度

(1)"双导师"制度的形成

"双导师"制度最早应用于研究生学历的培养,一个在校研究生配备一个校内导师和一个或多个校外导师,校内导师和校外导师根据工作职责分工和自己的专业特长联合指导研究生的学习、科研等。

随着职业教育的快速发展和职业教育改革,"双导师"制度逐渐被应用到高等职业教育中。在2008年学者杨林娟提出这一思想,其认为学生在校外参加顶岗实习,由于在实习期间师生无法经常进行有效的沟通交流,同时由于校内导师的实践能力并不强,致使指导的毕业设计质量难以保证。为解决这一问题,向学校建议在学生顶岗实习期间聘请企业专业技术人员作为企业师傅,对学生顶岗实习进行专业的技术指导,与校内导师形成"双导师",共同指导学生毕业设计,从而保证毕业设计的质量。

现代学徒制采用工学交替的授课模式。学生在学校学习时,由校内导师指导。校内导师是从学校的专职教师中遴选的，主要负责学生在校内的学习生活等。而学生到企业学习、培训时，由企业技术人员担任学生的师傅即企业导师指导学生。企业导师是来自合作企业的员工，主要指导学生在企业岗位的实践能力。学生在校内导师和企业导师的共同指导下，自身的职业能力水平不断提高，成为企业需要的技术技能型人才。

（2）协同教育理论

协同教育是基于现代教育理论，针对教育改革而提出的。为了促进教育与文化、社会、科技之间的融合，学校和企业作为主体形成统一战线，填平市场竞争中的缺口。学校和企业利用自己的优质资源相互协调合作，从而达到资源的优化配置。通过对学校的学生进行工学交替的教学，培养出适应现代社会所需要的技术技能型人才，实现教育的优质化。

协同教育理论在现代学徒制中得到了很好的应用。从高职院校自身角度看，培养符合现代学徒制的人才培养要求离不开企业岗位实操，但是由于学校师资力量和教学资源的限制，不能满足学生的企业岗位实操需求，势必影响到学校对学生的培养质量。从企业的角度看，企业需要技术技能型劳动力，而高职院校的学生是技术技能型劳动力主要来源，学生进企业，在企业导师的指导下可以学到岗位实践操作能力，同时也解决了企业的劳动力资源问题。所以学校和企业合作实现了资源的优化配置。同时，企业可以从企业岗位职业能力要求出发对学生进行培养，培养出适合企业需求的人才。学生毕业留在企业工作，解决了就业问题，实现了入学即就业，省去了学生与企业磨合的时间，提高了学生的就业质量。

5.2 "双导师"队伍选拔

"双导师"队伍的专业水平和职业素质是决定现代学徒制实施质量的主要因素,所以,在选聘导师时,应明确校内导师(专职教师)和校外导师(企业师傅)选拔标准。表 5-1 所示是鄂尔多斯职业学院现代学徒制"双导师"选拔标准。

表 5-1 现代学徒制"双导师"选拔标准

双导师	选拔标准
校内导师	1. 学校的现任教师,工作经历满 3 年,年龄在 25~55 周岁之间,身心健康,具有大学本科及以上学历或中级及以上专业技术职务,具有相应的职业资格证书。 2. 具有良好的职业道德和协作意识,遵守学校和企业的各项规章制度,积极参与现代学徒制工作,责任心强。 3. 具有企业实践经历,业务基础扎实,熟悉所任教课程涉及的岗位知识、技能和具备基本素质的要求。教学水平高且具有一定的课题研究、课程开发与实施能力。
企业师傅	1. 原则上要求从事本行业工龄 5 年以上(室内设计专业可以放宽到 3 年以上)且年龄 25 周岁以上的企业正式员工,具有大专及以上学历或中级及以上职业技术资格等级。 2. 具有良好的职业道德和协作意识,工作积极,具有奉献精神,能服从学校和企业的管理,遵守企业和学校的各项教学规章制度。 3. 在行业中有一定的影响力,有较丰富的岗位教学与管理经验,为本企业中高级技术人员。

(1)"双导师"职责

"双导师"职责分工是否明确决定了"双导师"队伍运行效率。鄂尔多斯职业学院根据现代学徒制实施经验修改制定了"双导师"职责,如

表 5-2 所示。

表 5-2　现代学徒制"双导师"职责

双导师	职责
校内导师	1. 负责实施学徒（学生）文化课程和专业课程的教学和管理工作；在日常教学管理中开展职业道德、职业习惯、文明礼仪等核心素养的教育；督促和管理学徒（学生）遵守校企规章制度。 2. 开发现代学徒制教学课程，实施"课证融通、证岗衔接"的人才培养方案，开发适合岗位职业理论和技术标准的课程。 3. 负责学徒（学生）的日常考核与成绩评定，定期进行阶段性岗位考核，做好综合素质评价工作。 4. 协同企业导师开展科研、技术研发、产品攻坚等工作，帮助企业解决生产中的实际问题。开展现代学徒制的相关课题研究，梳理经验、总结成果。 5. 负责收集和整理学徒（学生）岗位培养期间的教学及日常管理过程性材料，包括工作评价手册和论文成果等。
企业师傅	1. 协同校内导师按照人才培养方案要求完成学徒（学生）课程设计、课程体系构建、课程开发和教材建设等工作，依据岗位课程标准实施教学；负责学徒（学生）的岗位技能课程教学和拓展课程教学等工作。 2. 负责学徒（学生）职业道德、职业行为等养成教育，向学徒（学生）传授岗位实战经验，传承企业文化。 3. 按照要求完成对学徒（学生）在企业学徒期间的岗位课程考试、技术技能考核和成绩评定工作，及时反馈学徒（学生）课程完成情况、工作状况和相关调查数据。 4. 开展课程与教学研究、技术研发、产品攻坚、教学经验梳理及成果总结等工作。 5. 负责收集和整理学徒（学生）岗位培养期间的教学及日常管理过程性材料，协同学校导师填写人才培养工作状态数据，并填报现代学徒制信息管理平台。

（2）聘用程序

校企双方根据人才培养方案，统筹制定双导师聘任计划。双导师可以自主申请或由企业推荐。根据现代学徒制双导师选拔标准，确定双导师人选。

组织填写《现代学徒制双导师聘任审批表》，见表 5-3，校企双方对导师资格进行审核；对经审核通过的双导师，由校企双方与双导师签订聘任协议，校企双方为新聘任导师颁发聘任证书，聘期三年，期满后对其导师资格进行重新审定；现代学徒制试点项目单位将《现代学徒制双导师聘任审批表》及聘任协议报给现代学徒制试点工作领导小组办公室备案。

表 5-3　现代学徒制双导师聘任审批表

_____专业

姓名		性别		年龄	
学历		专业		政治面貌	
岗位/职务				申请带教岗位	
职业证书及职称证书					
教育与培训进修经历					
工作经历					
现代学徒制试点工作领导小组办公室审核意见					
企业审核意见	（盖章） 　　年　月　日		学院审核意见	（盖章） 　　年　月　日	

注：本表一式两份，审核批准后，一份由现代学徒制试点项目单位留存，一份由现代学徒制试点工作领导小组办公室留存。

5.3 "双导师"队伍的建设

建设有效的教学团队是保证现代学徒制教学改革正常开展和达到预定的教学质量目标的核心因素。根据现代学徒制运行的经验和特点，鄂尔多斯职业学院制定了《现代学徒制双导师队伍建设管理办法》。该建设管理办法中，明确了现代学徒制的选拔、管理、培养、考核和激励等制度。在"双导师"队伍选拔后，现代学徒制"双导师"队伍建设重在管理、培养、考核和激励等。

5.3.1 "双导师"队伍的管理

（1）院系层面强化双导师管理机制

教师自身素质能力是决定现代学徒制试点成功的关键因素。学校在现代学徒制试点工作中，需要建立规范、系统的双导师管理制度，规范导师的操作与运行。如附录2所示，是鄂尔多斯职业学院制定的《现代学徒制双导师队伍建设管理办法》。学校二级部门根据学校的双导师管理制度，结合专业特点和企业合作情况制定适合本专业的双导师管理制度，将管理制度的各项要求落到实处。受聘校内导师与学校现代学徒制试点工作领导小组签订《现代学徒制学校导师协议》，在协议中要明确校内导师的任务并作出明确规定和提出具体要求。

（2）企业层面建立企业师傅管理办法

① 现代学徒制作为职业教育改革的人才培养模式，其核心是校企深度融合，共同培养高素质的技能技术人才。企业是这个改革的受益者，应当强化社会责任，主动承担学徒的培养义务。为保证企业师傅管理规范高效，企业应与学校一起制定企业师傅管理方法。如附录3，是鄂尔多斯职业学院与鄂尔多斯市乌兰煤炭集团有限公司共同制定的《酒店管理专业师傅管理办法》。其内容主要包括师傅资格条件、选拔程序、师傅待遇和考核与奖惩等。

② 企业应加大力度提高企业师傅的工资待遇。对从事现代学徒制带徒工作的员工，特别是优秀的带徒师傅，应给予相应的经济报酬和在职称评定、职务晋升中给予优惠政策，鼓励企业员工从事职业教育。

③ 企业根据现代学徒制师傅管理办法选拔在岗位上表现优秀的高级职称高技能人才担任带教师傅，明确师傅责任和待遇，并将承担现代学徒制教学任务纳入企业考核并享受带徒补贴。受聘的企业师傅与学徒签订一对一的《现代学徒制试点师傅与学徒协议》，明确师徒双方的职责和义务，如附录4。

（3）政府层面政策支持

现代学徒制教学模式的大力推广离不开政府支持。当地政府积极促进校企深度融合，在现代学徒制实施中对招生政策、人才引进、校企双方员工互聘共用、双向挂职锻炼等方面提供政策支持和资金支持。鄂尔多斯职业学院在鄂尔多斯市政府及相关部门牵头下成立了职教集团、工匠学院等校企合作平台，有效推动了校企深度合作。

5.3.2 "双导师"队伍的培养

"双导师"队伍的培养是保证现代学徒制的教师素质可持续提升和发展

的关键途径。"双导师"队伍培养质量提升需要校企共同努力,在培养方式、途径、制度等方面建立一套培养机制。

(1) 实行校企"共培互聘"方式

现代学徒制"双导师"队伍培养有效方式是"共培互聘"。"共培"是充分发挥校内导师的理论知识优势与企业导师的实践操作技能优势,校企共同培养"双导师"队伍。校内导师利用理论知识优势对企业导师进行教育教学能力、人才培养方案的设计规范、学徒管理等方面的培训,提高企业导师传授技术技能的能力。而企业导师发挥技术技能优势对校内导师进行岗位的职业素养、技术技能的培训,特别是将企业新技术、新规范、新理念传授给校内导师,提高校内导师职业能力。"互聘"是指"双导师"制实施过程中,将企业导师中的技术骨干、技术负责人聘请为学校的兼职专业教师。这些企业导师享受现代学徒制专业教师待遇,接受学校教学管理,承担教学任务。同理,学校从校内导师中,根据现代学徒制教学的需要,选派专业负责人、技术骨干教师中实践能力较强的教师,将其聘请为企业员工。在工作岗位上,根据企业岗位职责完成工作任务,接受企业的管理,享受企业员工的待遇。这种"互聘"制度不仅可以提高校内导师的职业能力和企业导师教育教学能力,而且可以增强双方的交流合作,加深合作的深度和广度,有效提高"双导师"队伍建设的质量。

(2) 学校规范"双导师"队伍培训,积极探索培训途径

校企联合根据岗位职业能力要求制定详细的培训方案,细化培训方案,明确培训对象、培训内容、培训形式及配套优惠政策等。表 5-4 所示是现代学徒制专业带头人培训方案。通过培训教学科研能力强和业务水平高的专业带头人、骨干教师和青年教师,提高他们的职业能力,带动教师队伍整体水

平的提高。

表5-4 现代学徒制专业带头人培训方案

培训对象	骨干教师和各教研室主任
培养内容	1. 为了掌握本专业发展动向，选取3~5家企业进行调研，并撰写调研报告； 2. 根据企业需求及调研报告对本专业的发展作出一定的修改； 3. 参与制定本专业师资队伍建设计划，培养专业人才，提高专业建设整体水平，提高教师队伍实践能力； 4. 组织本专业教学研讨活动，可聘请专家来校指导专业教师提高教学水平，或组织专业教师进行教学比赛等； 5. 积极参与指导本专业教师、学生参加各级各类竞赛； 6. 积极参与各级各类的教科研活动、培训，不断提高自身的教科研水平，参与论文、课题的撰写申报，专利、课程开发等； 7. 积极参与教育教学活动，完成学院规定的教学工作量，完成学院、系部交办的相关任务。
培养形式	1. 专家进行讲授、指导； 2. 教师之间进行观摩和研讨学习； 3. 外出培训学习，参与交流研讨； 4. 申报课题、撰写学术论文； 5. 提升学历、学位； 6. 企业实践，与企业能工巧匠结对子，参与企业生产、技改项目等活动。
待遇	1. 优先安排到区内外考察和参加对外专业交流活动； 2. 同等条件下，优先晋升职称、岗位级别和各类评优评先； 3. 对成绩突出的优先参选学院专业带头人。

现代学徒制校内导师的培养重点是培养岗位技术技能。学校应积极探索校内导师到企业培训的途径。如以整学期到企业学习的形式，要是学校教学任务重，教师可以利用寒暑假到企业实践学习等。无论以哪种形式派教师到企业实践锻炼，都必须有相应的政策支持。如鄂尔多斯职业学院为提高教师的企业实践能力，将教师的企业实践时间作为评聘职称的一项基本条件，从而大幅度提高了教师下企业锻炼的积极性。

(3) 企业强化认同企业师傅培训的意义

企业首先应认识到现代学徒制实施与企业利益相关，企业是受益方。加强企业师傅的培训，提高企业师傅的教育教学水平，不但提高了企业员工整体素质，而且可以提高培训学徒的质量。这些学徒将来也是企业的员工，提高了企业储备人才的质量。企业应该积极主动开展企业师傅培训，与职业院校、师范院校积极合作，优化培训内容、方式，提高企业师傅培训效果，使企业师傅掌握现代学徒制相关教学模式、教学方法，了解职业教育成才规律，提高学徒培训的质量。

5.3.3 "双导师"队伍的考核与激励

建立健全现代学徒制"双导师"队伍考核与激励机制，是保证"双导师"队伍积极性、稳定性，提高现代学徒制学徒培养质量的重要措施。

(1) "双导师"队伍考核

"双导师"队伍包括校内导师和企业师傅，校内导师归属于学校管理，学校根据现代学徒制的教师管理办法对校内导师进行考核，而企业师傅不属于学校人员，在教学管理中存在一定难度。所以对企业师傅进行考核评价是保证现代学徒制教育质量的重要措施。一是规范企业师傅的教学过程，按校企双方共同制定的人才培养方案进行。二是通过考核评价可以让企业师傅了解自己教学过程中存在的问题，及时调整教学方案、教学方法，从而提高带徒质量。对企业师傅的考核可以从以下两方面入手：第一，作为现代学徒制的企业和校方共同制定企业师傅考核管理办法，并且校方作为主体参与对企业师傅的具体考核。作为受教育的学徒应对企业师傅的教学过程进行评价，见表 5-5。第二，由于现代学徒制在我国处于探索阶段，不同院校对企业师傅的考核内容不同，没有形成统一的考核标准。针对这个问题，现代学徒制的培养目标是培养学徒职业岗位综合能力，所以在考核中应从职业道德、职业素养、带徒质量等方面进行考核评价，见表 5-6。而且，对企业师傅考核评价应将过程性考核和总结性考核相结合。

(2)"双导师"队伍的激励机制

建立有效的"双导师"队伍激励机制，对于调动"双导师"队伍的积极性具有至关重要的作用。有效的"双导师"队伍激励机制建设，从以下三方面进行。

① 学校要合理规划使用各级政府拨付的推行现代学徒制试点工作相关专项经费。现代学徒制的推进过程中经费投入的主体主要是学校，企业出资只起到补充作用。随着现代学徒制试点工作的不断推广，校企合作深度融合不断加强。推行现代学徒制的院校，要从各级政府拨付的现代学徒制专项经费中加强对校企导师的补贴。没有各级政府拨付的现代学徒制专项经费的院校，要自筹经费补贴校企导师。具体措施如下：

a. 院校根据现代学徒制双导师队伍建设管理办法和相关绩效考核办法落实学校导师的补贴标准，作为对现代学徒制教学改革付出的酬劳。

b. 对企业师傅，院校要根据现代学徒制"双导师"队伍建设管理办法和兼职教师绩效考核办法，明确企业师傅带徒的薪酬。薪酬包括基本带徒的代课费和绩效津贴。绩效津贴与企业师傅带徒质量挂钩，依据对企业师傅考核的成绩发放绩效津贴。绩效津贴也应包括教师福利待遇，因为企业师傅承担教师的角色，也应该享受教师的权利。院校可以按本校教师的标准给企业师傅发放相应的福利待遇，增强企业师傅对教师职业的认同感。

表 5-5 学徒评价企业师傅评价表

指标	反馈评价内容	非常好	良好	一般	差	非常差
师傅职业素养	师傅能够模范遵守公司各项规章制度					
	师傅具有强烈的服务意识，工作认真、严谨					
	师傅服务/管理技能高超					
	师傅带教的态度好，热心带教，关照徒弟学习与生活					
师傅带教过程	师傅带教的过程有计划、有层次，涵盖岗位课程所需要的工作技能任务					
	师傅传授的内容清晰全面、有条理性，学徒能够理解和接受					
	师傅带教的过程中能够及时解答徒弟提出的问题，及时填写带教日志，进行反思					
师傅带教方法	师傅带教的方法得当，能够针对不同性格、不同基础的学徒变换适合的传授方法					
	师傅平时带教时能够结合实际工作情境和工作任务进行及时指导、评价和反馈					
	师傅能够依据徒弟掌握技能的实际情况分阶段考评，并按需调整带教的计划					
师傅带教质量	师傅在带教的过程中有计划、有层次，涵盖岗位课程所需要的工作技能任务					
	师傅传授的内容清晰全面、有条理性，学徒能够理解和接受					
	师傅带教的过程中能够及时解答学徒提出的问题					
评价						

表 5-6 学校评价企业师傅评价表

评价类别	具体评价内容	评价等级				评价建议
		优秀	良好	一般	需改进	
技能传授	技能传授严谨准确，无错误					
	技能储备迁移运用灵活					
	互动产生技能或知识创新效果明显					
带教过程	环节设计合理，有利于学生实践					
	时间分配合理，教学节奏、密度适当					
	提问恰当，善于提出启发性问题					
	训练安排科学有效					
	善于把握最佳的教育契机					
	能够根据学徒反馈，调整带教的内容					
	对学徒信息及时反馈，有效指导					
带教手段	能够调动学徒学习热情					
	能够促使学徒合作、探究					
	能够引导学徒参与带教					
	能够引导学徒有效学习					
课程思政	能够渗透行业标准与职业规范					
	能够引导学生正确对待工作，树立热情、敬业、精益求精的职业精神					
语言表达	用语规范，普通话标准，无口头禅					
	讲述具体明确，表述无误					
	及时适度地表扬和鼓励学徒					
体态	体态自然得体					

c. 院校制定现代学徒制工作绩效考核管理办法和激励机制,将导师的收入与带徒的教学质量挂钩。每学期评选优秀校内导师、优秀企业师傅和育人先进企业并公开表彰。

② 现代学徒制合作企业制定相应的激励制度,鼓励企业中技术技能高级人才、专家、工匠大师等担任带徒师傅,企业师傅带徒的效果作为岗位晋升的重要依据之一,充分调动企业人才参与到现代学徒制教学改革中。

③ 人社部门、财政部门等对开展现代学徒制培训的企业,根据国家相关政策给予一定的补贴。

第6章

建立现代学徒制管理体系的探索与实践

现代学徒制的培养模式与传统的职业人才培养模式不同，学徒制的培养模式有着多样性的发展。现代学徒制的培养模式，应当注重建立科学的教学管理体系，了解学生之间的差异性发展，积极引导学生主动参与到学习中。在高职院校教育期间，要加强技能教学的占比，现代学徒制的培养方式为学生提供更多的技能培养和自我展示的平台，为其今后发展奠定良好的基础。目前，有很多高职院校已经和企业之间构建了良好的合作关系，校企合作方式能够更好地培养学生的岗位实践能力。现代学徒制的人才培养模式是教师站在引导者的位置来进行教学，与传统的高职教学方式相比，现代学徒制教学有着很强的优势，既能够让学生具备充足的理论知识，又拥有较强的专业动手能力，能够有效提高学生的综合素养。现代学徒制使校企合作更加紧密，学徒制教学模式能够显示出学生的真实学习水平，也更有利于高职院校素质教育的开展。而校企合作能够进一步推动企业的发展，也为高职院校的高素质人才培养奠定良好基础。

6.1 现代学徒制管理体系分析

传统高职院校在培养人才的时候面临着许多问题，如师资力量不能满足教学需求、实践教学资源匮乏、校企融合深度不够等。基于这些问题，传统的教学管理体系无法全面提升人才培育质量，教学管理体系无法得到优化与改善。

（1）传统教学模式的局限性

传统教学模式受到传统教学理念的影响，使高职院校的人才培养理念不能紧跟社会发展需要。高职院校教育改革的目的是紧跟时代发展步伐，满足企业的用人需求，一旦缺乏时效性则会打击企业参与高职院校人才培养活动的积极性与主动性。受到传统理念的影响，高职院校并没有充分意识到企业工程师和教师的引导地位，一味采取传统的教学管理模式，会限制学生以及学校的发展，高职院校培养高技能高素质人才的主体作用无法充分发挥出来，影响人才培养质量。

（2）教学管理不适应市场岗位需求

高职院校在教学过程和教学管理过程中，为了能够培养出合格的专业技能人才，提高教育教学管理效果，应以市场岗位需求为目标来展开教学及教学管理。目前，许多高职院校教师缺少专业实践操作经验，理论与实践融合性不强。很多教师在学校毕业后没有经历过企业实践，直接参与教学，对于目前市场发展趋势、企业人才需求情况等无法精准把握。加上市场需求的波动性，不能掌握高效的教学管理模式和目标。在传统的教学模式下，高校与企业之间的合作有待加强，高校的实验实训设备、教师和企业生产设备、工程师的共享等无法很好应用于高职院校人才培养中。与此同时，高职院校的教学管理体制和企业的日常运行管理的差异性导致高职院校的教学计划和企业的生产计划契合度不高，对人才的管控较差，从而影响整体教学管理质量的提升。

（3）教学管理效率不高

对于现代学徒制的人才培养来说，实践教学管理效率和质量是教学管理的关键环节，尤其是在教学管理中存在教学管理效率低、实验实训设备管理不完善等情况，直接影响教学管理评价体系的客观性，甚至会加大教学数据等方面的处理困难程度。高职院校合理规划长期的发展前景，必须注重教学管理质量与效率，可以通过聘请企业工程师来校参与教学管理、对教学管理质量效率进行监督等方式来提高实训课程的教学质量和评估质量，使教学质量能够得到有效管理。

（4）缺乏切实可行的弹性学分教学管理制度

弹性学分制需要在学校层面建立基于弹性学分制的教学管理体制。目前大多高职院校的教学管理制度基于学年学分制，没有建立体现弹性学分制的学籍管理、跨专业选课、学分互认等相应的教学管理制度。即使形成了弹性学年和学分管理文件，执行效果仍有待提高。课程体系弹性小，选课资源不足，选课制是制约学分制实施的主要因素。学分制的特点和优点主要通过选修课的重要地位及其作用体现出来，弹性学分制的实施核心在于课程体系设计和相应的学分设置，因此必须在学校层面与专业层面开发并建设不同类型和不同层次的课程，提供足够数量和高质量的课程供学生选修。目前我国绝大多数高职院校都存在课程弹性不够、必修课与选修课比例不合理、选修资源明显不足、选修课程质量不高的现象。据调查我国很多高校选修课比例只有 10% 左右，而必修课的比例高达 90%，课程体系弹性比较小。

6.2 建立现代学徒制教学管理制度

6.2.1 深化校企合作内容，提升校企协作管理水平

（1）校企合作内容

深化校企合作，推进现代学徒制的人才培养模式，能够全面提高学生的技能水平，优化当前的教学制度。加强教学管理，就必须考虑学校、企业共

同培养人才，并从多个层面考虑人才培养效果与教学管理的实施。其中最为重要的就是保障校企双方的顺利协作，使教学管理呈现出校企共管、专业化发展的特点，并丰富现代学徒制的教学管理形式，注重学生的主体地位。教师与校企双方都属于引导者，要避免出现教学管理的片面化发展。校企合作的内容主要包括共建专业人才培养方案、共建现代学徒制课程体系、共建课程教学标准；共建共享课程教学资源和实践教学基地；互用共建"双导师"教师团队；共管教学过程，特别是认知实习、工学交替实习、定岗实习等实践教学过程，共管教学过程合作的深度和质量决定了现代学徒制校企合作的深度和质量。

（2）学校和企业的合作效果会影响整体的教学质量

现代学徒制的人才培养模式是促进校企合作的有效途径。现代学徒制试点院校和参加现代学徒制的企业应建立完善的组织机构，明确工作职责，加强沟通协调机制。校企各组织机构应明确细化落实各自负责的工作职责，并建立完善的反馈机制。对现代学徒制合作中出现的问题能够及时协调解决，进而提升校企协作管理水平，提高现代学徒制教学管理水平。

（3）合作企业的选择

对于高职院校发展来说，最为重要的就是找到合适的合作企业。从保障教学管理质量的角度来看，高职院校需要选择一个适合培养学生人才的企业，从而保障最终的人才培养效果。从企业对人才的态度、提供岗位的价值、企业人才需求计划、企业为员工提供的职业规划路径等方面进行综合考量，并对企业的发展进行评估，确保企业所给予的资源能够提升学徒的职业岗位能力和就业能力。与此同时，高职院校与企业合作是一项互惠互利的活动，既能够为社会企业的发展创造经济利益，又能够对高职院校的人才培养、教学管理起到积极推动作用。高职院校在选择合作企业时会对专业人才的培养和其未来发展产生影响。在校企合作期间，要规范签订相关的合作合同，以此来确保双方在专业人才培养、现代学徒制的人才培养和教学管理过程中能够发挥积极的作用。

6.2.2 教学管理顶层设计

现代学徒制的人才培养过程中，依据课程内容与职业标准、教学过程与生产过程进行对接，与企业共同研究确定相应的教学内容和教学模式，构建基于工作过程工学交替的理实一体化课程体系，构建适合现代学徒制课程架构，同时以岗位（群）的职业能力要求为主线，遵循教育规律和学徒成长规律及认知规律，构建现代学徒制课程体系。因此需要注重企业、高职院校中的理论知识教学管理和实践教学管理的交替开展。

根据企业岗位的要求来制定相应的专业人才培养标准，并以此为基础构建课堂体系与管理标准，使教学管理呈现出典型化的特征。与此同时，制定的专业课程让理论知识与实践操作教学呈现出一体化的状态。将传统教学管理中的内容和形式进行改变，使岗位与人才培养之间形成良好衔接，这样在教学管理期间能够让师生对管理模式产生较强的认同感，从而提高整体的教学管理效率与质量。除此之外，还需要建立一套灵活的教学管理体系，现代学徒制的人才培养模式将企业和高职院校进行了有效对接，使教学管理呈现出跨界发展的趋势。在构建教学管理体系时，应采用信息化的管理方式，建立科学的教学管理机制，积极应用互联网技术来实现教学的流程化管理，并通过多种管理制度来确保校企合作背景下的学生教育水平提升，使教学管理的实效性得到有效提升。同时从多个方面对教学管理进行考核，客观评价现代学徒制教学管理的水平，特别考虑从第三方的角度来评价。现代学徒制试点院校应从宏观方面制定现代学徒制教学管理制度，从而为各试点专业具体教学运行指明方向。

6.2.3 构建实践教学管理体系

现代学徒制教学模式的核心是培养符合企业岗位需求的职业能力的员工，重点培养学徒的技术技能及实践操作能力。所以，构建具有现代学徒制教学模式的实践教学管理体系，对现代学徒制试点改革的成效具有决定性意义。

（1）现代学徒制实践教学的分类

现代学徒制的实践教学主要分为两类：一是学生在校内学习专业基础课和理实一体化课程，即校内实践教学，主要学习基本的专业基础知识及应用；二是组织学徒到企业或校企合作的实训基地实习，实习包括职业认知实习、跟岗实习和定岗岗位实习。

（2）现代学徒制实践教学组织机构和职责

现代学徒制试点改革必须建立功能完善、职责明确的组织机构，使统一协调试点改革的各项工作有序进行。鄂尔多斯职业学院现代学徒制的实践教学组织机构分二级管理，即成立现代学徒制工作领导小组和专业建设指导委员会。现代学徒制工作领导小组主要负责统筹、协调，指导全院现代学徒制试点专业实习工作，检查实习工作的落实和执行情况，研究和解决实习过程中出现的各种重大问题。专业建设指导委员会是系部二级单位现代学徒制工作小组，在专业建设指导委员会下面设置教学工作小组和学生工作小组。教学工作小组主要负责协调派遣校内导师和企业导师负责学生（学徒）的实践教学工作，审批学生（学徒）实习教学方案、教学计划、教学大纲等教学文件，检查实习教学质量，落实实习教学经费，检查实习教学经费使用情况。学生工作小组主要负责及时了解学生（学徒）的实践教学学习状态、实践过程中思想政治教育和职业道德教育，解决实践教学特别是实习中出现的矛盾和问题。

（3）现代学徒制实践教学过程管理

在现代学徒制教学体系中，实践教学的课时占总学业课时的 60% 以上，实践教学是人才培养模式中的核心内容。因此，加强实践体系中的教学过程管理，才能让实践课程教学高效运行。只有全面提高学生实践教学管理水平，才能够实现高职院校与企业之间的交错式管理模式，将教学时间、教学空间进行突破发展，最终能够对现代学徒制教学起到监督管理作用。在采取现代学徒制的人才培养模式下，高职院校和企业之间要实现合作统一化管理，这样才能够为高职院校的人才培养、管理体系提供更好的服务，并提供充足的教学实践资源，使教学管理效果得到全面提升。

现代学徒制实践教学最主要是职业认知实习、跟岗实习和定岗岗位实习。所以实习管理是现代学徒制的实践教学管理核心。实习管理过程主要包括实习协议的签署、实习教学大纲的审核、双导师职责的落实、实习教学过程的监督检查、实习资料的收集检查、实习安全的培训学习和督查、师生请销假的管理、学徒心理沟通管理、突发事件应急处理等。

（4）现代学徒制实践教学考核评价

学校和合作企业双方共同制定现代学徒制实习评价标准，共同对学生（学徒）进行考核。校内导师和企业导师具体负责考核评价的组织实施。学生（学徒）的实习考核成绩由企业导师的考核评价和校内导师的考核评价两部分组成，每部分所占比例由现代学徒制各试点专业根据本专业实习教学特点确定。在考核评价中，加强第三方机构对实践教学的评价，如职业技能等级证书考核，学徒在岗位实习中通过考取职业技能等级证书换取相应实习课程的学分。

实践教学管理体系的建立，有效规范提升现代学徒制的实践教学管理水平，让学生的专业能力能够在实践教学管埋体系的构建中得到不断提升，以提高学校人才培养质量、优化教学管理效率。

6.2.4 构建教学质量监控机制

现代学徒制教学过程中，是否严格按人才培养方案进行，是否按教学大纲进行授课，是否按过程考核和综合考核进行，这些问题在执行过程中是否按原计划落实，需要发挥现代学徒制教学质量监控机制，让企业与学校的监督功能充分发挥出来。在进行教学培养期间要实现双方主体的交叉性监督，确保整个教学管理过程得以顺利实施，从而保障人才培养质量。鄂尔多斯职业学院制定了《现代学徒制教学质量监控管理办法》，其主要内容从以下几方面进行构建。

（1）校企协同育人机制的监控管理

① 校企合作及学徒协议的监控管理

试点专业是否与合作企业签订校企合作协议及学徒协议；协议中是否明确双主体育人和双重身份，是否明确学徒期间的保险、劳动报酬、就业保障等相关权益；学徒（学生）是否明确理解协议内容；校企双方是否履行校企合作协议及学徒协议。

② 校企合作制定人才培养方案的监控管理

是否有合理的调研方案，是否进行深入的企业调研且形成调研报告。调研报告的主要成果是否作为确定人才培养模式和制定人才培养方案的主要依据。专业人才培养方案是否校企合作制定，是否按规定的程序制定，校企双方的参加人有哪些。

③ 校企共用实践教学基地建设的监控管理

是否有校企共用校内外实践教学基地，是否有校企共用校内外实践教学基地管理办法，是否实现共用和使用的人次、天数。

④ 学徒制管理制度的监控管理

是否和企业共同制定企业师傅管理办法、准员工顶岗实习管理与考核办法，是否制定校企的人才培养成本分担办法等，上述制度的实施情况。

（2）人才培养制度和标准的监控管理

① 专业教学标准的监控管理

使用的是教育部颁布的专业教学标准，还是自己制定的专业教学标准。如果是自己制定专业教学标准，其标准是否高于教育部颁布的专业教学标准。

② 专业人才培养方案制定的监控管理

a. 培养目标与培养规格。是否依据国家有关规定和专业教学标准，科学合理确定专业培养目标；明确学生的知识、能力和素质要求，保证培养规格。培养目标中的人才培养类型是否根据专业特点进行描述，而非各专业均一致；培养目标的达成度。

b. 专业课程体系。是否根据现代学徒制的特点重构专业课程体系。专业课程体系应具有明显的岗位、工种特征。除思想政治理论、体育、军事、心理健康教育、劳动、职业生涯规划、就业指导、创新创业和安全教育等课程外,是否将中华优秀传统文化、人文素养、科学素养、审美素养等课程纳入选修课。

c. 职业资格要求。是否规定学生毕业时必须获得与专业相关或相近的中级职业资格证书,职业资格证书获取率。

d. 教学进程安排。是否遵循学生认知规律和成长规律,是否给予学生充分的自我发展空间,是否严格依据教学进程编制专业教学计划。

e. 毕业要求。是否根据国家有关规定、专业培养目标和培养规格,结合学院办学实践,明确学生毕业要求;是否严把毕业生质量关。

③ 课程标准、教材等的监控管理

a. 课程教学标准。是否校企共同制定专业课程教学标准,是否将职业岗位(工种)标准纳入课程内容,是否按职业岗位(工种)工作过程设计课程教学过程,是否严格按照课程教学标准和专业教学计划制定课程教学计划。

b. 课程教材。有几门课程有校企共同编写的校本项目化教材,没有校本项目化教材的课程是否按学校规定的要求选用教材。

c. 课程资源。是否建有课程教学资源库,有几门课程建有教学资源库,教学资源库是否已上网公开。

④ 专业实践教学条件标准的监控管理

是否制定专业实践教学条件标准,校内外实践教学条件建设情况。教务处对专业教学标准、专业人才培养方案、课程教学标准、教材和教学资源进行监控管理,实验实训中心对实践教学条件建设进行监控管理。

(3) 教学团队建设的监控管理

① 教学团队建设制度的监控管理

是否制定"双导师"互聘共用管理办法、外聘教师管理办法、专业教师赴企业实践锻炼管理办法,是否制定专业带头人、骨干教师和青年教师培养方案等。

② 教学团队建设过程的监控管理

是否开展"双导师"互聘互用工作,并实质性开展协同育人工作;是否组建专业建设指导委员会,专业建设指导委员会工作开展情况;是否建有企业师傅教学业务档案;是否开展专业教师赴企业实践工作,效果如何;是否有专业教师进行企业课题攻关、参与项目研发;是否对企业师傅进行教学方法培训等。

(4) 教学过程的监控管理

① 教学计划的执行

专业教学计划执行情况,课程教学计划执行情况(包括在合作企业实习实训情况)。

② 课程教学的实施

包括课程教学组织、教学质量和考核情况。在企业实施教学的课程是否仅将教学地点放在企业,教学组织安排与在学校实施教学的课程一样。

③ 企业实习实训

是否真正实现跟岗、轮岗和顶岗实习实训,而非走马观花式地参观学习;是否由企业师傅进行实操考核。教务处负责对教学计划制定、课程教学实施和企业实习实训情况进行监控管理。质量管理办公室负责对上述各职能部门履行监控管理情况进行监督,同时,负责对实施现代学徒制试点的专业教学质量进行评价。

6.3　落实弹性学分制

针对弹性学分制学生生源结构特点、岗位学习要求等学情，坚持职业教育类型教育原则，坚持弹性学分制的特点，坚持精准育人的原则。按照"以职业定岗位、以岗位定能力、以能力定课程"的思路，紧盯鄂尔多斯行业发展前沿，构建"素质＋专业＋岗位"的"学、训、赛、证"三位一体四阶段递进式课程体系。

（1）对接学习者岗位，确定精准培养目标

高等职业教育人才培养是以满足生产第一线的技术人才需求为目标，主要培养既具有一定理论知识又具有较强实践操作能力的高素质技术技能人才。企业需要既懂专业又懂相关专业实践的一线操作技术人员，要求职工掌握与岗位相关的职业技术技能，并且了解行业最新前沿技术，因此，在充分考虑岗位需求能力的基础上，按照弹性学分制学生需求制订精准的人才培养目标，真正培养岗位需要的人才。

（2）分析弹性学分制学情，制定校企合作培养模式

弹性学分制学生大多为工学交替学习形式，求学者既是企业员工又是学校学生，具有双重身份，育人过程中要采取工学交替、校企合作的育人模式。人才共育、校企合作模式，创新专业弹性学制人才培养及校企合作运行新机制。学生利用在校时间完成理论课程学习和校内实训，利用在企业工作

时间完成企业工作任务，同时完成学校的校外专业技能实训，学徒的工作业绩考核也是学业考核的重要组成部分。这样既可以培养一批符合企业岗位需求的企业员工，又填补了学校专业教师实践能力不足的缺点；既增强了企业员工核心竞争力，又完善了学校育人体系。

（3）立足线上线下课程，重构三位一体四阶段递进课程体系

结合学生自身知识基础和技能水平，坚持"素质为基、技能为本"的原则，精准选择教学内容，设置模块化课程体系。学生可以根据自己岗位，自由选择专业课程模块，重构"素质＋专业＋岗位""学、训、赛、证"三位一体四阶段递进式课程体系。素质模块重视学生思政，职业素养的培养属于必修模块；专业模块和岗位模块可根据自己的岗位、专业特长自由选择。课程设置及内容要符合弹性学分制学生接受水平，要帮助学生设计完整的学习任务单，利用线上线下教学形式，方便学生利用碎片化时间完成学习。

弹性学分制学生可以根据自身学习需求进行课程模块组合。素养模块是必修课程，是对职业精神、职业素养的必要培养。专业基础模块和素养模块课程可在课程库中搭配选择。

在专业课程学习过程中采用"学、训、赛、证"的四阶段递进式学习策略。工作岗位实际工作作为课程实训，学校学习与工作实训紧密结合，学训一体。另外，鼓励学生参加职业技能大赛，学校教师指导。通过大赛，一方面可以规范岗位操作，另一方面还可以反哺学校教育。最后，通过完成规定课程学习，考核合格者可获取相关证书，如 1+X 证书。

6.4 建立多元化评价体系

6.4.1 目前高职院校学生评价的特点和主要问题

（1）评价标准适用普通在校生培养标准

目前，高职院校学生的人才培养方案基本是以在校生的学习模式制定的，教学模式普遍采取两年半学校学习、半年企业岗位实习。因此，学生的评价标准大多也只适用于在校生评价标准。它符合学校传统培养人才的要求，但不一定符合企业培养学徒或员工的标准。现代学徒制学生具有学校学生和企业学徒双重身份，进入现代学徒制的学生要面临"学生标准"与"学徒标准"的双重考核评价。显然，套用普通高职学生评价标准不仅不合适，而且偏离了现代学徒制的人才培养目标，其得到的评价结果自然不能反映学徒制学生真实学习水平。

（2）评价内容侧重学生专业知识

评价学生往往容易先入为主地去考虑他的专业知识，并且简单地认为学习成绩好的学生其职业能力就一定强，造成的结果就是"关照课堂内容，遗忘生活世界"。一方面，技术的发展和知识的更新迭代造成学校的教学内容与企业实际岗位要求相脱离，学生们在顶岗实习或者工作的实习期往往需要重新学习相关的岗位专业知识。另一方面，学生的评价内容仍然是校内传统模式占主导，以专业知识评价为主，学生的学习态度、创新能力、学习能力等方面的评价较少，并且由于缺乏工作岗位的直接锻炼，更是缺少职业能力评价。

（3）评价主体单一，缺乏多元化主体

评价学生考核评价主体依然是以学校教师为主。第一，在公共课和专业基础课的学习中，对学生的评价以教师评价为主。第二，虽然在专业课的项目教学和行动导向教学中加入了学生自我评价和小组互评，但是最终的学生学业评价依然由教师评定。总的来说，评价主体依然较为单一，缺乏学生、家长、企业师傅、学校、企业、行业组织等评价主体的参与。这与现代学徒制的学校学生和企业学徒双重身份，"学生标准"与"学徒标准"的双重评价要求有很大距离。

（4）评价方法以终结性评价为主

在高职院校，学生评价方法最直接的表现形式是课程考试，每个学期结束后对学生进行综合素质测评。第一，这是参照普通高等教育的模式，以知识为核心，并将各项指标全部量化，弱化了职业技能和职业能力等指标在高职学生评价中的核心地位。第二，这本身就是一种终结性评价，评价结果虽然可以一定程度激励学生的学习和实践的积极性，但是对于学生在学习或者工作过程中的体验、积累、反思和改进的作用不是很大。

6.4.2 现代学徒制对学生评价的探讨

（1）现代学徒制的特点

现代学徒制是通过学校、企业的深度合作，教师、师傅的联合传授，对学生实行以技能培养为主的现代人才培养模式。现代学徒制的核心要素与基本特征是校企一体化双元育人；学徒具有双重身份，工学交替，岗位成才。

现代学徒制的特点包括以下几方面：第一，现代学徒制学生具有双重身份，他既是企业的学徒，又是学校的学生；第二，现代学徒制教学具有双主体，学校和企业同为人才培养工作的教学主体；第三，学校教师和企业师傅都承担了教学任务，实行双导师培育；第四，在教学、实习、实训和工作过程中，学校和企业联合制定教学计划和标准，实现了教学过程的双控制；第五，学校和企业双方在人才培养工作方面作为一个命运共同体，相互服务共同获利，同时承担相应的权利和义务。

（2）多元化学生评价的理论基础探讨

多元化学生评价是指不单纯采用标准化测验，而是采用多种途径，在非结构化的情境中评价学生学习结果的一系列评价方法，其理论基础是建构主义理论和加德纳的多元智力理论在教育评价上的反映。基于建构主义的教学中，教师设计教学问题、引导讨论、指导学生的学习，学生也不再只是背诵理论、练习解题技巧，而是在互动中建构自己的知识结构。多元智力理论认为人类至少有七种智力，分别是语言、数理逻辑、视觉空间、身体动作、音乐、人际和自我智力，每个人的擅长领域是不同的，因此，对学生的评价也要在学习工作和生活中通过多方面进行观察、记录和分析，并且可以允许在别的领域的优秀表现弥补和代替其他领域的不足。现代学徒制的工学交替，课程教学改革基于行动导向教学法，都深刻地体现了建构主义的教学思想，因此，在学生评价上也应该多元化，更加强调以学生的发展为本，着力于学生的内在兴趣、意志的激发，智力的发掘，职业能力、创新意识和创新能力的培养。基于以上原因，现代学徒制学生评价的评价标准、评价内容、评价主体和评价方法等方面需要加以调整和改变，以适应和有助于实现现代学徒制的人才培养目标。

6.4.3 现代学徒制多元化学生评价体系构建

（1）评价标准结合学生标准和学徒标准

考虑到现代学徒制学生具有学校学生和企业学徒双重身份，进入现代学徒制的学生仅仅以学生标准去评价肯定会以偏概全，应该结合"学生标准"与"学徒标准"进行双重标准评价。一方面，现代学徒制学生在学校的学习主要按照学生标准进行评价；另一方面，现代学徒制学生在企业的工作主要按照学徒标准进行评价。然而，这两方面不能简单地进行割裂：在学校学习期间也包含实训等企业工作因素，在企业工作期间也会安排一定的专业学习，企业工作和学校学习的时间交替进行。因此，现代学徒制学生评价标准应该结合学生标准和学徒标准，并且根据每个学期甚至每门课程在学校和企业的时间比例进行动态调整。

（2）评价内容涵盖专业知识和职业能力

基于现代学徒制学生的工学交替、岗位成才的人才培养特点，评价一名现代学徒制学生能否达到毕业标准、是否培养成才并符合专业岗位的要求，评价内容既包括专业知识，又包括职业能力的内容。评价内容从包含专业知识的综合素质评价出发，根据现代学徒制学生的特点还要加入任职资格、职业素质、职业生涯管理等职业能力评价。从而构建以岗位为核心的专业知识和职业能力评价内容，培养学生必备的专业知识和专业技能的同时，还必须具备积极性、团队意识、创新能力、分析能力、应变能力和岗位迁移能力。

（3）评价主体由单一主体迈向多元化主体

现代学徒制学生评价中，评价包括主体和客体，主体是指参加评价的组织或个人，客体则指的是被评价的现代学徒制学生。既然评价客体具有学校学生和企业员工双重身份，那么评价主体必然包括学校教师和企业师傅。教师评价侧重学生的专业知识和专业技能，企业师傅侧重学生的岗位操作和职业能力。然而，多元化主体还应该包括学生本人、同学、家长等个人以及学校、企业、行业、社会教育研究机构等组织。只有多元化评价主体参与，并强化学生自我评价的重要性，使学生从被评价转为主动参与评价，才能全面、客观、科学地评价现代学徒制学生的专业知识和职业能力。

（4）评价方法形成性评价和终结性评价并举

形成性评价是在教学过程中即时、动态、多次对学生实施的评价，它注重及时反馈，用以强化和改进学生的学习。推广而知，在现代学徒制学生评价中，形成性评价除可以通过项目测验、工作现场检查等各种测验之外，还有分享学习和工作心得、讨论等策略。这意味着在学生的学习和工作过程中要及时、动态地评价，并及时地反馈，从而让教师、师傅和学生本人知道学生的优点和不足，为教、学、作的改进提供依据。当然，终结性评价也是必要的。它一方面反映了学生在一定时期内的学业表现和职业成就，开展评优奖励。另一方面也能引导学生找出自己的优点和不足，明确以后学习方向和职业目标。因此，形成性评价和终结性评价并举，并且积极发挥评价的反馈作用。

附录 1 现代学徒制人才培养三方协议书

现代学徒制人才培养三方协议书

甲方（学校）：

乙方（企业单位）：

丙方（学生和家长）：

根据《中华人民共和国合同法》等法律法规的规定，甲、乙、丙三方本着诚实、守信、平等、自愿的原则，就建筑室内设计现代学徒制人才培养的有关事项达成如下协议：

一、合作培养期限

合作培养期限为

二、合作目标

甲乙丙三方本着合作共赢、协同育人、职责共担的原则，解决学校专业人才培养模式不适应、专业教学内容滞后、不能满足企业对高素质技能型人才需求的问题，构建学校和企业联合招生、联合培养、一体化育人的长效机制，校企共建以现代学徒制培养为主的特色培养方式，为企业生产、服务、管理一线培养合格的高素质技能型人才。

三、合作方式与内容

（一）确定现代学徒制试点专业及招生规模

根据乙方未来发展、用工需求，确定建筑室内设计专业为现代学徒制试点建设专业，试点班招生规模和生源由甲乙双方共确定、审查、考核选拔与招录，学生报名前需要与学生家长充分沟通。

（二）按照招生即招工，实现新生入学既是学生又是学徒的双重身份

1. 甲乙双方共同制订现代学徒制合作办学方案，签署联合培养建筑室内设计专业人才协议。

2. 校企双方共同招生，共同投入人力物力做好试点项目的前期宣传运作工作，共同制作招工招生宣传材料，所有报名学生通过双选面试初选后，签订"三方（甲方、学生（学生家长）、乙方）协议"，按照校、企、学生协商，明确学生岗位津贴和工资待遇，体现学徒的企业员工和职业院校学生双重身份，明确各方权力和义务及学徒岗位设置、教学内容、权益保障等。

3. 建立试点班学籍管理档案。

（三）创新校企一体化人才培养模式

……

甲方（学校）：	乙方（企业）：	丙方（家长和学生）：
（盖章）	（盖章）	（手印）
授权代表（签字）	授权代表（签字）	授权代表（签字）
年 月 日	年 月 日	年 月 日

附录 2 现代学徒制双导师队伍建设管理办法

现代学徒制双导师队伍建设管理办法

一、指导思想

以培养具有专业技能与工匠精神的高素质人才为核心,以校企分工合作、双主体协同育人、职责共担、共同发展的长效机制为着力点,建立互聘共用、双向挂职锻炼、横向联合技术研发和专业建设的双导师机制,打造一支高素质现代学徒制双导师队伍。

二、双导师职责

双导师是指参与现代学徒制日常教育教学及管理工作的职业院校专任教师和企业中高级技术人员(企业师傅),简称学校导师和企业导师。双导师制度是实现现代学徒制人才培养目标的重要举措。

企业导师(企业师傅)

1. 协同学校导师按照人才培养方案要求,完成学徒(学生)课程设计、课程体系构建、课程开发和教材建设等工作,依据岗位课程标准实施教学;负责学徒(学生)的岗位技能课程教学和拓展课程教学等工作。

2. 负责学徒(学生)职业道德、职业行为等养成教育,向学徒(学生)传授岗位实战经验,传承企业文化。

3. 按照要求完成对学徒(学生)在企业学徒期间的岗位课程考试、技术技能考核和成绩评定工作,及时反馈学徒(学生)课程完成效果、工作状况和相关调查数据。

4. 开展课程与教学研究、技术研发、产品攻坚、教学经验梳理及成果总结工作。

三、待遇

1. 企业导师正常学徒带教期享受带教津贴。具体标准由现代学徒制各试点单位与合作企业协商制定,并报现代学徒制试点工作领导小组办公室审批备案后实施。

学院导师赴企业授课、管理学徒等工作按照《鄂尔多斯职业学院教学工作量计算办法(试行)》(鄂职政字〔2016〕43号)执行。

2. 企业导师可优先被聘为学院兼职教师,合作企业须为其校上课提供便利。

3. 合作企业在职位晋升、薪酬增长、绩效考核等方面应向企业导师倾斜。

四、校企成本分担机制

1. 学院将参加现代学徒制试点专业学生学费的50%作为培养现代学徒制学生的各项教学管理费用,企业对于培养现代学徒制的各项教学管理费用根据合同进行。

2. 企业须将授课教学与师傅带教工作视为其本职工作的一部分,该部分成果和业绩纳入企业导师的工作考核。

3. 学徒在校期间,学校保证教学条件,有偿提供食宿。

4. 学徒在企业学习期间,企业需为学徒配备企业导师,提供实践教学劳动保护用品,缴纳工伤保险,提供职业技能提升培训,报销实践岗位所需的职业资格证书报名等相关费用。

附录 3 酒店管理专业师傅管理办法

酒店管理专业师傅管理办法
（试行）

一、总则

根据双方签订的校企合作框架协议和现代学徒制四方协议，为鼓励熟练员工"传、帮、带"的积极性，尽快提高学徒的技术水平，促进企业生产经营发展，按照酒店管理专业现代学徒制人才培养方案实施要求，双方制订本办法。

二、资格条件

（一）初级学徒师傅资质要求

1. 遵守国家法律法规以及方针政策，身心健康的企业在岗基层员工。
2. 爱岗敬业，乐于助人，与同事相处融洽，具有良好的职业道德和协作意识。
3. 胸怀宽广，真心待徒，切实能把自己的一技之长传授给徒弟。
4. 能够服从学校教学管理、教学规章制度，模范执行酒店各项管理制度、规程，全年没有受过书面警告及以上处罚。

（二）高级学徒师傅资质要求

1. 遵守国家法律法规以及方针政策，身心健康的企业在岗员工。
2. 具有良好的职业道德和协作意识，能服从教学管理，遵守企业和学校的教学规章制度。
3. 胸怀宽广，真心待徒，切实能把自己的一技之长传授给徒弟。
4. 符合以下条件之一者：
（1）中等及以上学历，具有本专业内工作岗位 4 年以上工作经历，业绩突出者。
（2）酒店管理或相关专业大专及以上学历，具有本专业内工作岗位 2 年以上工作经历者。
（3）具有中级及以上专业技术职称者。
（4）获得高级及以上职业资格等级证书者。
（5）获得市级职业技能竞赛前三名或市级以上职业技能竞赛前十名者。

三、选拔程序

1. 由合作企业面向全体在职员工公布初、高级学徒师傅选聘条件、待遇、程序等内容，开始招募。
2. 符合条件员工自愿填写《学徒师傅申请表》（见附件一）报送至学徒培养办公室。
3. 学徒培养办公室对学徒师傅申请者进行认真审查并签署意见。
4. 学徒培养办公室将学徒师傅资格审查合格人员名单提交给校、企双方共同聘任。
5. 签订"师傅带教徒弟"协议，接受"拜师帖"，承担师傅带教职责。

四、师傅待遇

1. 师傅正常学徒带教期享受带教津贴。带教津贴由合作企业发放。津贴数额每月每名学徒 200 元左右（根据具体技能课程有浮动）。
2. 师傅可优先被聘为学院兼职教师，合作企业须为其到校上课提供便利。
3. 合作企业在职位晋升、薪酬增长方面应向带教师傅倾斜。

五、考核与奖惩

1. 为了保证带教工作扎实有效开展，学徒培养办公室将定期对学、教情况进行考核，分为月度考核、出徒考核等，考核结果将作为带徒奖励的参考依据。
2. 带教期间，部门经理应对教学双方进行检查指导，并做好教学监督检查记录。
3. 学徒期满，经由各部门进行考核。考核合格者，独立上岗；考核未合格者，需延长学徒期，由学徒、师傅共同提议，报经部门经理审核，经学徒培养办公室审批可延长学徒期。在延期学教阶段，师傅不再享受带徒津贴，无偿带教，直至出徒。
4. 每年评选一次带、教学徒工作的优秀师傅给予表彰和奖励，评选一等奖 2 名、二等奖 3 名三等奖 5 名，分别奖励 1000 元、800 元、500 元。

附录 4 现代学徒制试点师傅与学徒协议

现代学徒制试点师傅与学徒协议

甲方（师傅）：

甲方所属企业：

乙方（学徒）：

乙方所属学校：

乙方学校指导教师：

根据《鄂尔多斯职业学院现代学徒制模式试点工作实施方案》，乙方由学校和企业派遣来跟随甲方学习岗位技能，甲方同意接收乙方，在双方协商一致的基础上达成如下协议，供甲、乙双方共同遵守。

1. 学徒跟随师傅进行指定岗位技能训练，训练时间为：

2. 学徒所学岗位具体内容：

3. 甲方根据乙方学习训练的要求，有计划地安排轮岗项目和训练内容，确保乙方达到所在岗位的技能要求。

4. 甲方应与乙方所在学校的指导教师保持紧密合作，营造有利于学徒职业道德和技能成长的学习氛围。

5. 带教师傅的职责具体参见《带教师傅工作职责》。学徒期满后，由带教师傅对学徒所轮训岗位的技能进行考核评价。

6. 乙方要遵守甲方所在企业的各项规章制度，尊敬甲方，服从管理，听从指挥，没有特殊事情不能随意请假，工作中要任劳任怨，能吃苦耐劳。

7. 乙方要严格要求自己，虚心学习各项岗位技能，不断提高自身技能水平和职业素质，爱护设备，爱护工具，要经常保持工作场地的清洁卫生，创造一个良好舒适的工作环境。

8. 乙方在工作期间要严格遵守安全操作规程和技术工艺流程，如不听从安排、不遵守安全操作规程等导致的意外事故和问题，应按《安全措施与违纪处理办法》进行处理。

9. 学徒期间甲乙双方出现的其他问题可向企业和学校反映，由企业、学校依照《校企定期会商制度》协商解决。

10. 学徒期满，对学徒和带教师傅举行评优活动，对于优秀的带教师傅和学徒按相关奖惩制度进行表彰和奖励。

11. 本合同一式四份，甲、乙双方各执一份，乙方所在学校一份，甲方所在企业一份。

甲方：（签名）　　　　　乙方：（签名）

　　年　月　日　　　　　　年　月　日

附录 5　现代学徒制试点专业学生实习管理办法

现代学徒制试点专业学生实习管理办法

第一章　总则

第一条　为规范学生（学徒）的实习行为，保护学生（学徒）在实习期间的合法权益，根据《教育部关于开展现代学徒制试点工作的意见》（教职成〔2014〕9号）及鄂尔多斯职业学院《现代学徒制试点工作实施方案》的相关要求，制定本办法。

第二条　现代学徒制试点专业教学计划安排的各项实习教学环节，均属必修课，不得免修。实习必须严格按照现代学徒制试点专业实习教学计划和教学大纲的要求进行，保证实习质量。

第二章　组织机构与工作职责

第三条　现代学徒制试点专业实习工作实行由现代学徒制试点工作领导小组和专业建设指导委员会组成的院系两级管理。

第四条　现代学徒制试点工作领导小组主要负责统筹、协调、指导全院现代学徒制试点专业实习工作，检查实习工作的落实和执行情况。

第五条　专业建设指导委员会主要负责以下几项工作：

1. 根据本办法对各试点专业实习工作进行监督、检查、考核、管理。
2. 指定校内导师和企业导师负责学生（学徒）的实习工作。

第三章　过程管理

第六条　现代学徒制试点专业实习教学主要包括职业认识实习、工学交替实习和顶岗实习。

第七条　学生（学徒）于第一学年在校进行专业理论基本知识及基本技能训练的基础上，在合作企业穿插进行职业认识实习。企业导师负责进行企业文化教育，安全生产教育及基本的职业、岗位知识教学，使学生（学徒）认识企业工作环境、工作流程及工作岗位职责。

第八条　学生（学徒）于第二学年在学校与合作企业进行工学交替式跟岗实习，完成专业知识的学习和职业技能训练。

第九条　学生（学徒）于第三学年在校企双方共同指导下完成毕业综合实训及顶岗实习，实现由企业准员工到员工的转变。

第十条　实习教学计划的制（修）订。由校企共同制定现代学徒制试点专业实习教学计划，现代学徒制试点专业建设指导委员会审核。实习教学计划应包括：实习目标、实习任务、必要的实习准备、考核标准等。实习教学计划可根据现代学徒制试点专业人才培养方案和企业需求适时进行调整和修订。

第四章　考核评价

第十一条　学校和合作企业双方共同制定现代学徒制实习评价标准，共同对学生（学徒）进行考核。校内导师和企业导师具体负责考核评价的组织实施。

第十二条　学生（学徒）的实习考核成绩由企业导师的考核评价和校内导师的考核评价两部分组成，每部分所占比例由现代学徒制各试点专业根据本专业实习教学特点确定。

附录 6　现代学徒制人才培养方案示例

汽车运用与维修技术专业
人才培养方案

一、专业名称及代码

（一）专业名称

汽车运用与维修技术

（二）专业代码

600209

二、学制与招生对象

（一）学制

全日制高职三年

（二）招生对象

高中毕业及同等学力毕业生

三、就业面向

根据鄂尔多斯及周边地区人才需求分析，主要面向鄂尔多斯市华丰（大众）汽车销售服务有限公司、鄂尔多斯市信达通汽车销售服务有限责任公司、鄂尔多斯市信得惠德丰汽车销售服务有限公司、鄂尔多斯市芝丰汽车销售服务有限公司等汽车维修企业，从事汽车机电维修工、汽车维修顾问、备件管理等岗位的工作。

初次就业岗位：① 汽车维修机电工；② 汽车维修服务顾问；③ 备件管理员。

晋升发展岗位：① 机电维修工→技术主管→服务总监→售后经理；② 维修顾问→维修顾问主管→售后经理；③ 备件管理员→备件经理→售后经理。

基于调研完成的鄂尔多斯汽车 4S 店的岗位分布及薪酬待遇表如下：

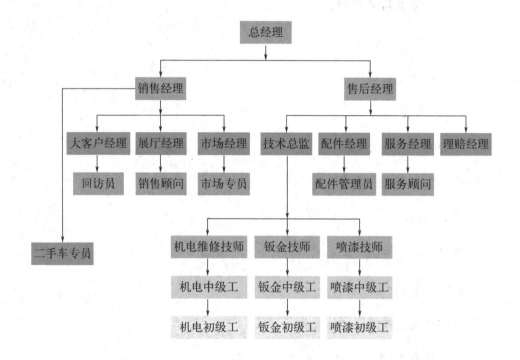

四、专业人才培养目标

本专业培养拥护中国共产党和国家的方针政策，德、智、体、美全面发展，适应鄂尔多斯及周边地区经济社会发展和鄂尔多斯市华丰（大众）汽车销售服务有限公司、鄂尔多斯市信达通汽车销售服务有限责任公司、鄂尔多斯市信得惠德丰汽车销售服务有限公司、鄂尔多斯市芝丰汽车销售服务有限公司汽车维修服务业需要，遵纪守法，具有良好的职业道德和敬业精神以及人格修养，掌握汽车各个总成系统的基本知识，具有对车辆进行维护、修理、故障诊断的基本技能，能与客户进行良好沟通的高端技能型人才。

五、人才培养规格及模式

在学院"立德争先、崇技尚能"办学育人模式的构架下，根据职业岗位（群）的知识、能力和素质要求，基于职业发展导向，突出"就业、技能、发展"的工学结合育人思想，注重培养学生的职业技能，强化职业道德教育，培养学生职业素养，依托和服务鄂尔多斯市华丰（大众）汽车销售服务有限公司、鄂尔多斯市信达通汽车销售服务有限责任公司、鄂尔多斯市信得惠德丰汽车销售服务有限公司、鄂尔多斯市芝丰汽车销售服务有限公司等汽车维修企业，专业教师与企业专家、一线能工巧匠共同创新"学作交融、工学一体、校企共建"的人才培养模式，学生在校内利用理实一体化教室，边学边做，实现"学做交融"；在企业真实的职业环境中开展轮岗实习、定岗技能提升实习，企业的指导老师指导学生完成岗位工作任务，并在工作过程中学习、提升职业技能和理论知识，实现在工作中学习，而学习的内容就是工作内容，即实现"工学一体"；同时，制定校企共育的管理、实施机制，在人才培养的全过程中，实现既有学校专任教师的基础理论和专业理论教学，也有由行业、企业能工巧匠担任兼职教师进行的实践能力教学，人才培养实现"校企共建"。这种人才培养模式，为汽车运用与维修技术专业的可持续发展打开广阔的空间。

（一）知识目标

（1）掌握汽车发动机机械及其管理系统的工作原理和诊断理论；

（2）掌握汽车底盘传动系统的工作原理和诊断理论；

（3）掌握汽车底盘悬架、转向和制动系统的工作原理和诊断理论；

（4）掌握汽车电气系统的工作原理和诊断理论；

（5）掌握新能源汽车的工作原理和诊断理论以及发展方向；

（6）熟悉汽车维修服务顾问、备件管理、保险查勘等工作流程。

（二）能力目标

（1）能制定条理清晰的维修诊断方案；

（2）能熟练操作工具和设备对故障进行检修；

（3）能根据车型特点熟练查找相应维修资料，并能按照维修资料的描述排查故障；

（4）能从专业角度向车主解释故障产生原因和养护注意事项；

（5）能修复大多数车型的汽车各系统常见故障；

（6）能按照标准流程进行汽车维修服务顾问、备件管理、保险查勘等作业。

（三）素质目标

（1）能与客户进行有效沟通，冷静处理客户抱怨；

（2）具备团队协作精神，服从企业合理工作安排，工作规范，具有6S意识；

（3）严谨求实、吃苦耐劳、勤俭节约；

（4）具备较强自学能力，技术水平紧跟时代发展水平。

（四）专业教学模式

汽车运用与维修技术专业的教学模式采用"1+0.5+0.5+1"的形式：学生第一、二学期在学校学习理论知识和掌握最基本的技能；第三学期前十周在学校进行专业课程学习，后十周在企业进行企业轮岗实训学习；第四学期与第三学期相同；第五学期前八周在校进行专业课程学习，然后进入企业技能提升实训学习。如果学生学习情况良好，可在第六学期继续在该企业进行企业定岗实训学习，专业技能和实训的学习内容均由学校与企业共同确定。学生毕业时同时取得学历证书和职业资格证书，企业根据学生实习表现择优录用。

六、课程设置与分工

课程类型	课程名称	课程承担单位	职业资格证书
公共基础学习领域	军事训练与入学教育	学校独立承担	
	军事理论		
	思想道德修养与法律基础		
	毛泽东思想和中国特色社会主义理论体系概论		
	形势与政策		
	民族政策与理论		
	体育		
	心理健康教育		
	职业生涯规划与指导		
	大学语文		
	应用数学		
	计算机应用基础		
	大学英语		
	就业创业指导		
	大学生安全教育		
	信息资源检索与利用		
	劳动实践		

续表

课程类型	课程名称	课程承担单位	职业资格证书
公共基础学习领域	社会实践（含体验性实习）		
	创新创业类课程		
	毕业教育		
职业能力学习领域	机械制图及CAD	学校独立承担	
	汽车认识与使用		
	机械基础		
	电工电子技术		
	液压与气动技术		
	汽车发动机机械系统检修		
	中高级考证训练		汽车维修工中级证书必取/高级工证书任取/行业资格证书选取
	汽车专业英语		
	汽车底盘构造与检修	校企交替承担	
	汽车电器设备与检修		
	汽车发动机电控系统检修		
	汽车底盘电控系统检修		
	车辆安全防盗系统	企业独立承担	
	汽车空调系统		
	专业认知实习		
	汽车发动机大修		
	定岗技能提升实习		

续表

课程类型	课程名称	课程承担单位	职业资格证书
职业素养学习领域	（大众、斯柯达、本田、丰田）基本技能培训	企业独立承担	
	企业生产过程培训（保养技能）		
	企业生产过程培训（拆装诊断）		
	商务礼仪		
拓展能力学习领域	二手车鉴定与评估	企业独立承担	任取
	汽车配件经营与管理		
	汽车保险与理赔		
	技能提升训练（新车型技术）		
	技能大赛提升训练	学校独立承担	任取
	体育项目类课组		
	通用能力类课组		
	人文素质类课组		
	艺术修养类课组		
	文化传承类课组		
	科学素质类课组		
	社会生活类课组		

七、典型工作任务列表

基于本专业就业面向和职业分析进行汽车运用与维修技术专业典型工作任务列表，分析如下：

岗位	职责	任务
机电维修技师	A. 汽车维护作业	A1. 从汽车维修服务顾问手里提车与领取工单 A2. 能查询车辆技术档案，初步评定车辆技术状况 A3. 遵循车辆维护工作安全规范，制订维护工作计划，正确选择检测设备和工具对车辆进行维护 A4. 对车辆进行维护作业，包括汽车发动机维护、汽车底盘各系统维护、汽车电器电控系统维护、车辆润滑、车轮维护、整车全面维护等任务 A5. 完成车辆交付 A6. 工位区域环境的清洁和保持，根据环境保护要求处理使用过的辅料、废气液体及损坏零部件 A7. 工位设备及工具的检查，工位设备及工具的维护与保养，问题设备及工具的维护的汇报 A8. 对已完成的任务进行记录、存档和评价反馈 A9. 维护案例的编写，同事间交流疑难维护案例
	B. 汽车发动机故障的检修工作	B1. 从汽车维修服务顾问手里领取工单 B2. 能够查询车辆技术档案，初步评定发动机技术状况 B3. 遵循车辆维护工作安全规范，制订维修工作计划 B4. 能熟练拆装发动机总成、零部件，正确判定其工作、使用状况 B5. 能对曲柄连杆机构进行故障诊断与维修 B6. 能对配气机构进行故障诊断与维修 B7. 能对汽油机燃油供给系统进行故障诊断与维修 B8. 能对柴油机燃油供给系统进行故障诊断与维修 B9. 能对冷却系统进行故障诊断与维修 B10. 会进行发动机的组装与调试 B11. 能对发动机各电控系统的传感器、执行器和ECU进行故障诊断与维修

续表

岗位	职责	任务
机电维修技师	B.汽车发动机故障的检修工作	B12.完成维修工作交付 B13.工位区域环境的清洁和保持,根据环境保护要求处理使用过的辅料、废气液体及损坏零部件 B14.工位设备及工具的检查,工位设备及工具的维护与保养,问题设备及工具的维护的汇报 B15.对已完成的任务进行记录、存档和评价反馈 B16.维修案例的编写,同事间交流疑难维修案例
	C.汽车底盘各系统故障的检修工作	C1.从汽车维修服务顾问手里领取工单 C2.能够查询车辆技术档案,初步评定底盘技术状况 C3.遵循车辆维修工作安全规范,制订维修工作计划 C4.能熟练拆装汽车底盘各系统总成、零部件,正确判定其工作、使用状况 C5.能对底盘传动系统进行故障诊断与维修 C6.能对底盘行驶系统进行故障诊断与维修 C7.能对底盘转向系统进行故障诊断与维修 C8.能对底盘制动系统进行故障诊断与维修 C9.能对汽车底盘各电控系统的传感器、执行器和ECU进行故障诊断与维修 C10.完成维修工作交付 C11.工位区域环境的清洁和保持,根据环境保护要求处理使用过的辅料、废气液体及损坏零部件 C12.工位设备及工具的检查,工位设备及工具的维护与保养,问题设备及工具的维护的汇报 C13.对已完成的任务进行记录、存档和评价反馈 C14.维修案例的编写,同事间交流疑难维修案例

续表

岗位	职责	任务
机电维修技师	D.汽车全车电气系统故障的检修工作	D1. 从汽车维修服务顾问手里领取工单 D2. 能够查询车辆技术档案，初步评定电气系统状况 D3. 遵循车辆维修工作安全规范，制订维修工作计划 D4. 能熟练进行汽车常用电器设备的拆装与检修，正确判定其工作、使用状况 D5. 能运用原厂维修电路手册对汽车电路故障进行诊断与维修 D6. 能对汽车电器的电源系统、起动系统、照明与信号系统、仪表与报警系统及全车电路进行诊断与维修 D7. 能对电动刮水器、电动车窗、中控门锁、电动座椅、电动后视镜等辅助电器设备故障进行诊断与维修 D8. 能够对汽车空调、安全气囊和车载网络进行诊断与维修 D9. 完成维修工作交付 D10. 工位区域环境的清洁和保持，根据环境保护要求处理使用过的辅料、废气液体及损坏零部件 D11. 工位设备及工具的检查，工位设备及工具的维护与保养，问题设备及工具的维护的汇报 D12. 对已完成的任务进行记录、存档和评价反馈 D13. 维修案例的编写，同事间交流疑难维护案例
汽车维修服务顾问	E.汽车维修服务接待	E1. 按照预约与客户再确定时间，调出客户以往维修记录，准备维修保养工料及工位，做好迎接客户准备 E2. 客户到达后，建立客户档案和客户车辆档案，就维修和保养方面的内容积极向客户提供参考建议，并提出基本准确的报价，填制维修工单让客户确认 E3. 在车辆维修工作完成后，与维修人员交接车辆 E4. 对完工车辆进行外观等检查，打印结账单，与客户结账，将竣工车辆交给客户
备件管理员	F.汽车配件管理	F1. 汽车零部件进库管理 F2. 汽车零部件在库管理 F3. 汽车零部件出库管理

根据汽车运用与维修技术专业典型工作任务列表，对其任务对应要求的分析如下：

岗位	职责	任务	理论知识课程	技术方法课程	职业活动课程
机电维修工	A. 汽车维护作业	A1. 从汽车维修服务顾问手里提车与领取工单 A2. 能查询车辆技术档案，初步评定车辆技术状况 A3. 遵循车辆维护工作安全规范，制订维护工作计划，正确选择检测设备和工具对车辆进行维护 A4. 对车辆进行维护作业，包括汽车发动机维护、汽车底盘各系统维护、汽车电气电控系统维护、车辆润滑、车轮维护、整车全面维护等任务 A5. 完成车辆交付 A6. 工位区域环境的清洁和保持，废气液体及损坏零部件处理使用过的辅料 A7. 工位设备及工具的检查，工位设备及工具的维护与保养，问题设备及工具的维护的汇报 A8. 对已完成的任务进行记录，存档和评价反馈 A9. 维护案例的编写，同事间交流疑难维护案例	汽车认识与使用（对应任务：A4）	商务礼仪（对应任务：A1、A2、A5、A8） 汽车专业英语（对应任务：A4）	(大众、斯柯达、本田、丰田）基本技能培训（对应任务：A1~A6) 企业生产过程培训（保养技能，对应任务：A1~A9)

续表

岗位	职责	任务	理论知识课程	技术方法课程	职业活动课程
机电维修工	B.汽车发动机故障的检修工作	B1. 从汽车维修服务顾问手里领取工单 B2. 能够查询车辆技术档案，初步评定发动机技术状况 B3. 遵循车辆维护工作安全规范，制订维修工作计划 B4. 能熟练拆装发动机总成、零部件，正确判定其工作、使用状况 B5. 能对曲柄连杆机构进行故障诊断与维修 B6. 能对配气机构进行故障诊断与维修 B7. 能对汽油机燃油供给系统进行故障诊断与维修 B8. 能对柴油机燃油供给系统进行故障诊断与维修 B9. 能对冷却系统进行故障诊断与维修 B10. 会进行发动机的组装与调试 B11. 能对发动机各电控系统的传感器、执行器和ECU进行故障诊断与维修 B12. 完成维修工作交付 B13. 工作区域环境的清洁和保持，根据环境保护要求处理使用过的辅料、废气液体及损坏零部件 B14. 工位设备及工具的检查，工位设备及工具的维护与保养，同题设备及工具的维护的汇报 B15. 对已完成的任务进行记录，存档和评价反馈 B16. 维修案例的编写，同事间交流疑难维修案例	电工电子技术（对应任务：B10，B11） 机械基础（对应任务：B5，B6） 机械制图及CAD（对应任务：B4，B5，B6）	汽车发动机机械系统检修（对应任务：B5~B9） 汽车发动机电控系统检修（对应任务：B11） 汽车发动机大修（对应任务：B4，B10）	企业生产过程培训（保养技能+诊断维修对应任务：B1~B16）

续表

岗位	职责	任务	理论知识课程	技术方法课程	职业活动课程
机电维修工	C. 汽车底盘各系统故障的检修工作	C1. 从汽车维修服务顾问手里领取工单 C2. 能够查询车辆技术档案，初步评定底盘技术状况 C3. 遵循车辆维修工作安全规范，制订维修工作计划 C4. 能熟练拆装汽车底盘各系统总成、零部件，正确判定其工作、使用状况 C5. 能对底盘传动系统进行故障诊断与维修 C6. 能对底盘行驶系统进行故障诊断与维修 C7. 能对底盘转向系统进行故障诊断与维修 C8. 能对底盘制动系统进行故障诊断与维修 C9. 能对汽车底盘各电控系统的传感器、执行器和ECU进行故障诊断与维修 C10. 完成维修工作交付 C11. 工位区域环境的清洁保持，根据环境保护要求处理使用过的辅料、废气液体及损坏零部件 C12. 工位设备及工具的检查，工位设备及工具的维护与保养 C13. 对已完成的任务进行记录，存档和评价反馈 C14. 维修案例的编写，同事间交流疑难维修案例	电工电子基础（对应任务：C9） 机械制图及CAD（对应任务：C4、C5） 液压与气动技术（对应任务：C5）	机械钳工实训（对应任务：C4） 汽车底盘结构与维修（对应任务：C4~C8） 汽车底盘电控系统检修（对应任务：C9）	企业生产过程培训（保养技能+诊断维修，对应任务：C1~C14） 技能提升训练（新车型技术，对应任务：C1~C4，C9~C14）

续表

岗位	职责	任务	理论知识课程	技术方法课程	职业活动课程
机电维修工	D. 汽车全车电气系统故障的检修工作	D1. 从汽车维修服务顾问手里领取工单 D2. 能够查询车辆技术档案，初步评定电气系统状况 D3. 遵循车辆维修工作安全规范，制订维修工作计划 D4. 能熟练进行汽车常用电器设备的拆装与检修，正确判定其工作、使用状况 D5. 能运用原厂维修电路手册对汽车电路故障进行诊断与维修 D6. 能对汽车电器的电源系统、启动系统、照明与信号系统、仪表与报警系统及全车电路进行诊断与维修 D7. 能对电动刮水器、电动车窗、中控门锁、电动座椅、电动后视镜等辅助电器设备故障进行诊断与维修 D8. 能够对汽车空调、安全气囊和车载网络进行诊断与维修 D9. 完成维修工作交付 D10. 工位区域环境的清洁保持，根据环境保护要求处理使用过的辅料、废气液体及损坏零部件 D11. 工位设备及工具的检查，工位设备及工具的维护与保养、问题设备及工具的维护反馈 D12. 对已完成的任务进行记录、存档和评价反馈 D13. 维修案例的编写，同事间交流疑难维修案例	电工电子技术（对应任务：D5~D7）	汽车电器设备与检修（对应任务：D4~D7）；汽车空调系统（对应任务：D4、D8）；车辆安全防盗系统（对应任务：D4、D8）	企业生产过程培训（保养技能+诊断维修，对应任务：D1~D13）；技能提升训练（新车型技术，对应任务：D1~D13）

续表

岗位	职责	任务	理论知识课程	技术方法课程	职业活动课程
汽车维修服务顾问	E. 汽车维修服务接待	E1. 按照预约与客户再确定时间，调出客户以往维修记录，准备维修保养工料及工位，建立客户档案和客户车辆档案，做好迎接客户准备 E2. 客户到达后，就维修和保养方面的内容积极向客户提供参考建议，并提出基本准确的报价，填制维修工单让客户确认 E3. 在车辆维修工作完成后，与维修人员交接车辆，协助前台与客户间的工作，使其正常运转 E4. 对完工车辆进行外观等检查，打印结账单，与客户结账，将竣工车辆交给客户		商务礼仪（对应任务：E1, E2） 汽车保险与理赔实务（对应任务：E1, E2）	汽车保险与理赔实务（对应任务：E1, E2）
备件管理员	F. 汽车配件管理职责	F1. 汽车零部件进库管理 F2. 汽车零部件在库管理 F3. 汽车零部件出库管理		汽车配件经营与管理（对应任务：F1~F3）	汽车配件经营与管理（对应任务：F1~F3）
技术主管	G. 技术主管职责	G1. 综合故障诊断 G2. 团队管理 G3. 培训		商务礼仪（对应任务：G2, G3）	汽车配件经营、企业生产过程培训（诊断、维修，对应任务：G1~G3）
维修服务顾问主管	H. 维修服务顾问主管职责	H1. 特殊事件的处理 H2. 团队管理 H3. 培训		汽车保险与理赔实务（对应任务：H1） 商务礼仪（对应任务：H2, H3）	汽车配件经营、企业生产过程培训（诊断、维修，对应任务：H1~H3）

八、教学进程表

汽车运用与维修技术专业（现代学徒制班）教学进程表

分类	序号	课程编号	课程名称	课程类型	总学时	学时 学校负责 课内理论	学时 学校负责 课内实践	学时 企业负责实践	学时 讲座	学分	考试	考查	学时分配 第一学年 1	学时分配 第一学年 2	学时分配 第二学年 3	学时分配 第二学年 4	学时分配 第三学年 5	学时分配 第三学年 6
公共基础学习领域（必修）	1	1300000011	军事训练与入学教育	C类	40		40			2		①	2周					
	2	1100000021	军事理论	A类	32	32				2			网络					
	3	1200000031	思想道德修养与法律基础	A类	48	40	8			3		①	3×14					
	4	1200000042	毛泽东思想和中国特色社会主义理论体系概论	B类	64	56	8			4		②		4×14				
	5	1200000051	形势与政策Ⅰ	B类	8	4	4			1		①	√					
	6	1200000052	形势与政策Ⅱ	B类	8	4	4					②		√				
	7	1200000053	形势与政策Ⅲ	B类	8	4	4					③			√			

续表

分类	序号	课程编号	课程名称	课程类型	学时					学分	考试	考查	学时分配					
					总学时	学校负责		企业负责实践	讲座				第一学年		第二学年		第三学年	
						课内理论	课内实践						1	2	3	4	5	6
													18(15)	20(16)	19(16)	20(18)	19(17)	17(16)
公共基础学习领域（必修）	8	1200000054	形势与政策IV	B类	8	4	4			1		④						
	9	1100000060	民族政策与理论	A类	16	16				1	①			1×16				
	10	1300000071	体育I	C类	32		32			2	①		2×16					
	11	1300000072	体育II	C类	32		32			2	②			2×16				
	12	1200000081	心理健康教育	B类	32	14	18			2		①		1×16				
	13	1200000091	职业生涯规划与指导	B类	16	8	8			1	①					√		
	14	1100000101	大学语文	A类	32	32				2	①		2×16					
	15	1100000200	应用数学	A类	32	32				2	②			2×16				
	16	1200000111	计算机应用基础I	B类	32	14	18			2	①		2×16					

续表

分类	序号	课程编号	课程名称	课程类型	总学时	学校负责 课内理论	学校负责 课内实践	企业负责实践	讲座	学分	考试	考查	第一学年 1 (18)(15)	第一学年 2 (20)(16)	第二学年 3 (19)(16)	第二学年 4 (20)(18)	第三学年 5 (19)(17)	第三学年 6 (17)(16)	备注
公共基础学习领域（必修）	17	1200000112	计算机应用基础Ⅱ	B类	32	14	18			2	②			2×16					
	18	1100000121	大学英语Ⅰ	A类	64	64				4		①	4×16						
	19	1100000122	大学英语Ⅱ	A类	64	64				4	②			4×16					
	20	1200000134	就业创业指导	A类	8	8				0.5		②							
	21	1100000140	大学生安全教育	A类	16	16			16h	1		①②	4h	4h	4h				
	22	1300000150	信息资源检索与利用	C类	8		8		8h	0.5		③④							
	23	1300000160	劳动实践	C类	30		30			1				讲座					第3~5学期开设（网络+讲座学习）
	24	1300000170	社会实践（含体验性实习）	C类	60		60			2				1周		8			
	25	1200000190	创新创业类课程	C类	32	16	16			2						4h			
	26	1300000186	毕业教育	C类	16		16			1		4周							
小计					770	438	332			44			15	16					

续表

分类	序号	课程编号	课程名称	课程类型	总学时	学时 学校负责 课内理论	学时 学校负责 课内实践	学时 企业负责 实践	学时 讲座	学分	考试	考查	学时分配 第一学年 1	第一学年 2	第二学年 3	第二学年 4	第三学年 5	第三学年 6
													18 (15)	20 (16)	19 (16)	20 (18)	19 (17)	17 (16)
职业能力学习领域（必修）	27	2206010013	机械制图及CAD	B类	90	56	34			4.5	③				6×15			
	28	2206010021	汽车认识与使用	B类	64	16	48			3	①		4×16					
	29	2206010031	机械基础	B类	64	32	32			3	①		4×16					
	30	2206010042	电工电子技术	B类	64	32	32			3	①			4×16				
	31	2206010053	液压与气动技术	B类	32	12	20			1.5	③				2×16			
	32	2206010062	汽车发动机机械系统检修	B类	96	30	66			4.5	②			6×16				
	33	2206010073	汽车底盘构造与检修	B类	96	32		64		4.5	③					6×16		
	34	2206010083	汽车电器设备与检修	B类	96	32		64		4.5	④						6×16	
	35	2206010094	汽车空调系统	B类	32			32		1.5	④							2

续表

分类	序号	课程编号	课程名称	课程类型	总学时	学时 - 学校负责 课内理论	学时 - 学校负责 课内实践	学时 - 企业负责实践	学时 - 讲座	学分	考试	考查	第一学年 1 (18/15)	第一学年 2 (20/16)	第二学年 3 (19/16)	第二学年 4 (20/18)	第三学年 5 (19/17)	第三学年 6 (17/16)
职业能力学习领域（必修）	36	2206010104	汽车发动机电控系统检修	B类	80	24		56		4	④						5	
	37	2206010114	汽车底盘电控系统检修	B类	80	24		56		4	④						5	
	38	2206010124	车辆安全防盗系统	B类	32			32		1.5							2	
	39	2306010132	专业认知实习	C类	48			48		3	②			2周				
	40	2106010144	汽车专业英语	A类	32	32				2							2	
	41	2306010154	中高级考证训练	C类	24	24				1.5							1周	
	42	2206010165	汽车发动机大修	B类	48			48		2.5	⑤							6
	43	2306010170	定岗技能提升实习	C类	780			780		26	⑥							10周
小计					1758	346	232	1180		74.5			8	10	20		16	6

续表

分类	序号	课程编号	课程名称	课程类型	学时				学分	考试	考查	学时分配					
					总学时	学校负责		企业负责实践	讲座				第一学年		第二学年		第三学年	
						课内理论	课内实践						1	2	3	4	5	6
													18(15)	20(16)	19(16)	20(18)	19(17)	17(16)
职业素养学习领域（必修）	44	3306010013	(大众、斯柯达、本田、丰田)基本技能培训	C类	48			48		3								
	45	3206010023	企业生产过程培训（保养技能）	B类	90			90		4.5					2周			
	46	3306010034	企业生产过程培训（诊断检修）	C类	96			96		5.5						6	4周	
	47	3106010044	商务礼仪	A类	32			32		2						6	2	2
小计					266			266		15								

续表

分类	序号	课程编号	课程名称	课程类型	学时					学分	考试	考查	学时分配					
					总学时	学校负责		企业负责实践	讲座				第一学年		第二学年		第三学年	
						课内理论	课内实践						1	2	3	4	5	6
													18（15）	20（16）	19（16）	20（18）	19（17）	17（16）
扩展能力学习领域（选修）	48	4106010015	二手车鉴定与评价	B类	10			10	12h	0.5								讲座
	49	4106010025	汽车配件经营与管理	C类	10			10	10h	0.5								讲座
	50	4106010035	汽车保险与理赔	B类	10			10	10h	0.5								讲座
	51	4306010044	技能提升训练（新车型技术）	C类	48			48		3								2周	

续表

分类	序号	课程编号	课程名称	课程类型	学时				学分	考试	考查	学时分配						
					总学时	学校负责		企业负责实践	讲座				第一学年		第二学年		第三学年	
						课内理论	课内实践						1	2	3	4	5	6
扩展能力学习领域（选修）	52		体育项目类课组										18（15）	20（16）	19（16）	20（18）	19（17）	17（16）
	53		通用能力类课组															
	54		人文素质类课组															
	55		艺术修养类课组															
	56		文化传承类课组		192	192				12								
	57		科学素质类课组															
	58		社会生活类课组															
	59		创新创业类课组															
小计					270	192		78		16.5								
合计					3064	976	564	1524		150			23	26		26	18	6

备注：①～⑥分别代表开课学期，例如①代表开课在第一学期。
形势与政策Ⅰ～形势与政策Ⅳ代表形势与政策课程分为四个学期开课。

九、教学学时比例统计

教学总学时分配一览表

序号	课程类型		课程门数	总学时	占比	理论学时	实践学时	学分	所占比例（%）		说明
									理论占总学分比例	实践占总学分比例	
1	必修	公共基础学习领域	26	770	25.1	438	332	44	56.9	43.1	
2		职业能力学习领域	20	1758	57.4	346	1412	74.5	19.7	80.3	
3		职业素养学习领域	9	266	8.7	0	266	15	0.0	100.0	
4	选修	扩展能力学习领域	12	318	8.8	240	78	19.5	71.1	28.9	
	合计		67	3064	100.0	976	2088	150	31.9	68.1	

十、教学依据与原则

在本人才培养方案中确定的人才培养目标、规格、专业核心能力及其核心课程、课程设置与分工基础上，学校应该进一步开发本专业的《学校教学标准》，企业开发《企业教学标准》。为保障校企双方相互配合完成本人才培养方案的目标，必须通过企业与学校的协商，确保彼此《教学标准》在内容与进度上保持一致性与衔接性。

在具体教学中，校企双方必须落实各自《教学标准》的内容。同时，学校独立负责课程、企业独立负责课程和校企交替课程都必须以汽车运用与维修技术领域的典型工作任务作为出发点开展教学，突出以学生为主体，充分实现学生自主设计、实施与检查的教学模式。

十一、校企工学交替式课程的教学安排

对于校企交替类课程，一般先在学校内通过面向企业实践的项目式学习，让学生在进入该课程的企业学习前对相应的工作任务建立起感性认识，并积累一定的实践经验。在此基础上，再到企业进行真实、复杂工作任务的训练，以便及时消化与巩固学校的学习内容。为保证教学效果，部分课程甚至有两轮以上的工学交替过程。

十二、毕业标准

（一）大专毕业证

完成本人才方案所拟定所有课程的学习任务，并达到每门课程合格以上标准，方可获得国家承认的大专毕业证。

（二）职业资格

毕业时，必须至少要取得表中一个中级职业资格证书，方能取得毕业资格。

（三）企业考试

1.学生/学徒毕业前必须完成企业组织的学期考试与出师评定。其中学期考试安排在每个学期末，出师评定在第六学期。这两次考试（评定）都按照学习记录、掌握程度、工作效果、能力提升、综合评价五个部分进行。

2.出师评定条件与内容

从学习记录［学生上课（培训）记录表］、掌握程度（理论知识考核＋技能实操考核）、工作效果（是否与他人很好配合）、能力提升（是否能独立完成某一项工作任务及是否有创新）、综合评价（教师及师傅的点评）几个方面分学期进行成绩评定。其中第一学年按学习记录［学生上课（培训）记录表］、掌握程度（理论知识考核＋技能实操考核）进行评定；第二学年的在岗技能提升学习及轮岗学习，按学习记录［学生上课（培训）记录表］、掌握程度（理论知识考核＋技能实操考核）、工作效果（是否与他人很好配合）、能力提升（是否能独立完成某一项工作任务及是否有创新）、综合评价（教师及师傅的点评）进行评定；第三学年的定岗实习按工作效果（是否与他人很好配合）、能力提升（是否能独立完成某一项工作任务及是否有创新）、综合评价（教师及师傅的点评）进行评定，评定的成绩作为出师的必要条件。

3. 其他说明

学期考试与出师评定每年由学校和企业共同组织，不设补考机会。

若未通过学期考试，学徒回到普通的班，按原有人才培养方案继续学习。出师评定的成绩作为企业是否聘用学徒作为正式员工的主要标准。

附录 7　课程标准示例

《汽车底盘构造与检修》课程标准

（课程代码：2206010073）

（适用：三年制高职汽车运用与维修技术专业现代学徒制试点班）

一、制定课程标准的依据

本标准依据汽车运用与维修技术专业人才培养目标与培养规格要求、汽车机电维修工种（或岗位）国家职业标准以及学生就业面向的职业岗位职责，经过与企业专家反复研讨与论证共同制定，用于指导《汽车底盘构造与检修》课程建设与课程教学。

二、课程性质与作用

《汽车底盘构造与检修》是汽车运用与维修技术专业的职业技能课程。

《汽车底盘构造与检修》的主要任务是培养学生通过学习汽车底盘各机构、各系统的基本结构和工作原理，掌握汽车底盘的维护和修理的基本理论和方法，掌握汽车底盘常见故障的分析、诊断与排除的基本理论和方法，并具有综合应用所学知识分析和解决问题的能力。同时，重视在课程中培养学生专业语言表达能力及文字表达能力、自律能力等基本能力，有效处理人际关系和解决工作中实际问题等关键能力。重视培养学生良好的职业道德、严谨的工作态度、团队合作精神、独立学习和合作学习的能力、知识和技能的迁移能力等。

三、本课程与其他课程的衔接关系

表1　本课程与其他课程的衔接关系

序号	前期课程名称	为本门课程支撑的主要能力
1	汽车认识与使用	对汽车底盘的基本认识
2	汽车机械基础	对机械结构和原理的基本认识
序号	后续课程名称	需要本课程支撑的主要能力
1	汽车底盘电控系统检修	对汽车底盘的机械结构、原理的分析及检修能力
2	汽车维护作业	对汽车底盘的检修能力
3	汽车故障诊断与排除	对汽车底盘的机械结构、原理的分析及检修能力

四、课程学习目标

（一）知识目标

1. 掌握汽车底盘各系统主要零部件的结构和基本工作原理。

2. 掌握汽车底盘维修的组织与实施方法和维修的一般原则。

3. 掌握汽车底盘各系统有关维修标准。

4. 掌握汽车底盘机械系统常见故障的诊断技术与检修方法。

（二）能力目标

1. 能根据所掌握的汽车底盘的基本知识对底盘机械故障进行分析。

2. 能熟练操作工具和设备对底盘机械故障进行检修。

3. 能制定条理清晰的汽车底盘机械故障维修诊断方案。

4. 能根据车型特点熟练查找相应维修资料，并能按照维修资料的描述排查故障。

（三）素质目标

1. 具有良好的操作习惯和安全生产意识。

2. 具有与他人共同完成任务的能力。

3. 具有认真扎实、一丝不苟的工作态度。

4. 具有敬岗爱业和团队合作精神。

五、课程总体设计

表2 《汽车底盘构造与检修》课程总体设计

开设学期		2	参考总学时	96	
编号	情境、任务、项目等名称	情境、任务、项目等描述			参考学时
1	汽车底盘的认知	通过对汽车底盘整体认知项目,学生能够对各种类型汽车的底盘四大系统的结构有一个基本认知,掌握安全作业及汽车维修工操作规范,能够查阅维修手册,完成对各种车型底盘四大系统的分析任务			2
2	传动系统的检修	通过传动系统故障检测与维修项目,学生能够运用离合器组成、工作原理,根据离合器就车拆卸、检测、调整的作业标准及汽车维修工的操作规范,能够查阅维修手册,根据故障现象初步判断故障原因,完成离合器异响故障检测与维修任务;能够运用手动变速器组成、工作原理,根据手动变速器就车拆卸、手动变速器拆装、变速器零部件清洗、零部件检测、变速器操纵机构调整、零部件维修和更换的作业标准及汽车维修工操作规范,能够查阅维修手册,根据故障现象初步判断故障原因,完成手动变速器故障检测与维修任务;能够运用主减速器及万向传动装置组成、工作原理,根据主减速器及万向传动装置就车拆卸、主减速器及万向传动装置拆装、清洗、检测、啮合间隙调整、啮合区域、零部件维修和更换的作业标准及汽车维修工操作规范,能够查阅维修手册,根据故障现象初步判断故障原因,完成传动系统故障检测与维修任务			32
3	行驶系统的检修	通过行驶系统故障检测与维修项目,学生能够掌握悬架系统组成、工作原理,根据悬架系统就车拆卸、车轮拆卸、检测、扒胎、车轮动平衡的作业标准及汽车维修工操作规范,能够查阅维修手册,根据故障现象初步判断故障原因,完成行驶系统故障检测与维修任务			20

续表

编号	情境、任务、项目等名称	情境、任务、项目等描述	参考学时
4	转向系统的检修	通过转向系统故障检测与维修项目,学生能够运用转向系统组成、工作原理,根据转向系统就车拆卸、转向器拆装、转向器检测、转向操纵机构检测、四轮定位检测、四轮定位调整的作业标准及汽车维修工操作规范,能够查阅维修手册,根据故障现象初步判断故障原因,完成转向系统故障检测与维修任务	20
5	制动系统的检修	通过制动系统故障检测与维修项目,学生能够运用制动系统组成、工作原理,根据制动系统就车拆卸、制动器拆装、制动间隙检测、制动器检测的作业标准及汽车维修工操作规范,能够查阅维修手册,根据故障现象初步判断故障原因,完成制动效能不良故障检测与维修任务	16
6	其他	机动、实操考核等	6

六、情境(任务、项目等)具体设计

表3 情境(任务、项目等)1具体设计

情境(任务、项目等)1	汽车底盘的认知	参考学时:2
学习目标	(1)熟悉汽车底盘四大系统的各个部件 (2)掌握安全作业及汽车维修工操作规范	
学习内容	举升机的安全使用;四大系统各部件的认知	
训练内容	举升机的安全使用;四大系统各部件的认知	
教学载体	实车、实训台架	
教学方法	问题引入法、演示法、讲授法、角色扮演法	
教学资源	课件、维修手册、实车、实训台架	
教学环境	汽车实训车间	
教学形式	理论+实践	
考核评价	过程考核+任务工单	

表4 情境(任务、项目等)2具体设计

情境(任务、项目等)2	传动系统的检修	参考学时:32
学习目标	(1)熟悉离合器、手动变速器、主减速器和传动轴的结构、原理和功用 (2)掌握离合器、手动变速器、主减速器和传动轴的检修项目、技术标准和方法 (3)掌握离合器、手动变速器、主减速器和传动轴的检修调整方法	
学习内容	离合器拆装、故障检测与维修;手动变速器拆装、故障检测与维修;主减速器和传动轴拆装、故障检测与维修	
训练内容	离合器、手动变速器、主减速器和传动轴的拆装与检修	
教学载体	实车、实训台架	
教学方法	问题引入法、演示法、讲授法、角色扮演法	
教学资源	课件、维修手册、实车、实训台架	
教学环境	汽车实训车间	
教学形式	理论+实践	
考核评价	过程考核+任务工单	

表5 情境(任务、项目等)3具体设计

情境(任务、项目等)3	行驶系统的检修	参考学时:20
学习目标	(1)熟悉悬架系统、车轮的结构、原理和功用 (2)掌握悬架系统、车轮的检修项目、技术标准和方法 (3)掌握悬架系统、车轮的检修调整方法	
学习内容	悬架和车轮拆装、故障检测与维修	
训练内容	悬架、车轮的拆装与检修;车轮的修补与动平衡	
教学载体	实车、实训台架	
教学方法	问题引入法、演示法、讲授法、角色扮演法	
教学资源	课件、维修手册、实车、实训台架	
教学环境	汽车实训车间	
教学形式	理论+实践	
考核评价	过程考核+任务工单	

表 6　情境（任务、项目等）4 具体设计

情境（任务、项目等）4	转向系统的检修	参考学时：20
学习目标	（1）熟悉转向系统结构、原理和功用 （2）掌握转向系统检修项目、技术标准和方法 （3）掌握转向系统检修调整方法	
学习内容	转向系统的拆装、故障检测与维修	
训练内容	转向机构的拆装、故障检测与维修；四轮定位调整	
教学载体	实车、实训台架	
教学方法	问题引入法、演示法、讲授法、角色扮演法	
教学资源	课件、维修手册、实车、实训台架	
教学环境	汽车实训车间	
教学形式	理论 + 实践	
考核评价	过程考核 + 任务工单	

表 7　情境（任务、项目等）5 具体设计

情境（任务、项目等）5	制动系统的检修	参考学时：16
学习目标	（1）熟悉制动系统结构、原理和功用 （2）掌握制动系统检修项目、技术标准和方法 （3）掌握制动系统检修调整方法	
学习内容	制动系统的拆装、故障检测与维修	
训练内容	制动器的拆装、测量与调整；制动液的更换；制动传动机构的检修	
教学载体	实车、实训台架	
教学方法	问题引入法、演示法、讲授法、角色扮演法	
教学资源	课件、维修手册、实车、实训台架	
教学环境	汽车实训车间	
教学形式	理论 + 实践	
考核评价	过程考核 + 任务工单	

七、考核方式

表 8 考核方式具体设计

评价形式	评价目标	评价内容	评价方式	评价比例
理论考核	理论考核主要侧重于考查学生对基础理论知识的掌握和应用程度	1. 汽车底盘的结构及四大系统的组成； 2. 传动系统的组成及各部件的原理、功用和检修方法； 3. 行驶系统的组成及各部件的原理、功用和检修方法； 4. 转向系统的组成及各部件的原理、功用和检修方法； 5. 制动系统的组成及各部件的原理、功用和检修方法	采用项目考核的方式，每学习完一个项目进行一次考核，最后各项目的平均成绩作为本课程的理论考核成绩	50%
实践考核	实践考核主要侧重于考查学生的实际操作能力，同时在实践考核过程中注意考核学生的表达能力、团队合作能力、自信心、职业习惯和敬业精神等	1. 离合器总成的拆装与测量； 2. 手动变速器的拆装与检修； 3. 万向传动装置的拆装与检修； 4. 驱动桥的拆装与检修； 5. 汽车轮胎的动平衡； 6. 汽车的四轮定位； 7. 转向系统的拆装与检修； 8. 制动系统的拆装与检修	实践考核在期末统一进行，考核方式采取模拟真实的生产任务，让学生进行相应的实践操作	50%

八、教学基本条件

（一）教学团队基本要求

1. 团队规模：至少需要专兼职教师 4 人组成教学团队，承担汽车运用与维修技术专业底盘课程的理论与实践教学任务。

2. 教师专业背景与能力要求：教师队伍不仅要具有扎实的汽车专业知识功底，而且要有非常丰富的实践经验。

3. 课程负责人：善于整合与利用社会资源，通过有效的团队管理形成强大的团队凝聚力和创造力;能及时跟踪产业发展趋势和行业动态,准确把握专业建设与教学改革方向,保持专业建设的领先水平;能结合校企实际、针对专业(群)发展方向,制定切实可行的团队建设规划和教师职业生涯规划,实现团队的可持续发展。

4."双师型"教师:主要由学校专任教师和来自行业企业的兼职教师组成,专任教师中的"双师型"教师占教学团队人数的80%以上。

(二)校内实验实训条件基本要求

实施《汽车底盘构造与检修》课程教学校内实验实训条件基本要求见表9。

表9 《汽车底盘构造与检修》课程教学校内实验实训条件基本要求

序号	名称	基本配置	场地面积(m^2)	功能说明
1	汽车整车	桑塔纳整车2辆 卡罗拉整车2辆	400	底盘认知、各系统部件就车拆装与检修
2	传动系统实训台架	各种离合器台架2台 手动变速器4台 万向传动装置2套 主减速器与差速器总成2台	200	传动系统认知、部件拆装与检测
3	行驶系统实训台架	悬架系统4台	50	行驶认知、部件拆装与检测
4	转向系统实训台架	各种类型汽车转向器4台 动力转向台架2台	50	转向系统认知、部件拆装与检测
5	制动系统实训台架	盘式制动器和鼓式制动器共4台 液压制动系统2套	50	制动系统认知、部件拆装与检测
6	各种拆装、检测设备、工具与仪器	120件套拆装工具4套 变速器拆装工具4套 各种检测量具仪器4套 扒胎机1台 动平衡仪1台 四轮定位仪1台 四柱举升机和二柱举升机共4台	400	使用专用工具、设备对底盘进行故障检测与维修

(三)校外实训基地条件和基本要求

四个现代学徒制试点合作 4S 店，分别为鄂尔多斯市华丰汽车销售服务有限公司上汽大众店、鄂尔多斯市芝丰汽车销售服务有限公司斯柯达店、鄂尔多斯市信达通汽车销售服务有限责任公司广汽本田店、鄂尔多斯市信得惠德丰汽车销售服务有限公司广汽丰田店。这四家企业作为校外实训基地，为《汽车底盘构造与检修》课程教学提供了强有力的后盾。

九、课程建设与实施建议

1. 教材选用与编写：选用规划类教材，采用项目化教学方式、结合实际情况设置相关教学案例。

2. 教学资源开发利用：可以利用与中锐教育集团的合作资源进行课程开发。充分利用校内的多媒体、图书、实训资源，合理利用校企合作的企业提供的机会去进行实践锻炼，合理提出建议，适当进行企业的实践操作锻炼，提高动手能力。

3. 教学实施

依据《汽车底盘构造与检修》课程具体教学设计，可制定本课程的详细教学实施方案以规范和指导教学。

4. 其他说明

附录 8　带教指南示例

《酒店基础服务技能》带教指南

岗位 1：餐饮服务

1. 课程概述

1.1　制定依据

本标准依据《酒店管理专业人才培养方案》中对《酒店基础服务技能——餐饮服务》课程培养目标的要求制定。

1.2　课程的性质与作用

本课程为高职酒店管理专业学生必修的岗位核心能力课。该课程以餐饮服务人员岗位工作流程与需求为导向，全面系统地介绍餐饮服务与管理的全过程、基本方法及其在实践中的运用。通过本课程的学习，使学生对餐饮及餐饮业有一个全面的了解、系统的认识，熟悉掌握餐饮基础操作六大技能、餐饮服务六大技能，掌握餐饮管理知识、具备良好的服务意识，培养良好的语言沟通及应变能力，为学生毕业后从事酒店餐饮服务与管理的工作打下管理知识与技能的基础。

1.3　课程设计思路

本课程设计充分体现课程理论与实践一体化过程，围绕乌兰国际大酒店餐饮服务须具备的服务操作技能需要选择课程内容，通过服务操作技能所需引申补充关于餐饮业概述、餐饮基础知识、餐饮服务质量管理、菜单设计等内容。变知识本位为能力本位，采用教、学、做三者结合的教学方式展示教学内容，通过"现代学徒制"项目平台师徒帮带更好地实现工学结合突出实践，强化实训的能力本位设计思路。

1.4 课程内容确定的依据

本课程根据《酒店管理专业人才培养方案》所设定的人才培养目标、培养规格为依据来设计课程模块；以本专业学生的就业为导向，依据行业专家对酒店所涵盖的核心服务岗位群的工作任务和能力分析及酒店管理专业就业岗位群对本专业人才要求的特点确定本课程内容；以酒店餐饮业对餐饮服务及管理人员的岗位要求为指导，以餐饮服务程序为依据展开教学。

2. 课程目标

使学生了解餐饮管理的机构设置与人员编制，熟悉餐饮管理的全过程，把握餐饮经营中零点餐厅服务与管理、宴会服务与管理，能独立完成中餐宴会摆台、西餐宴会摆台，用餐客人的迎领、点菜、上菜、分菜、席间服务、酒水服务、结账及送客的全过程。能够做到有效控制餐饮服务质量，熟悉中西餐菜单的样式与设计，能够独立进行餐饮一线的服务管理实践工作，培养学生良好的综合职业素养。

3. 课程内容与学时安排

序号	模块	知识技能点	教学目标	学时
1	餐饮职业认知	1. 餐饮业概述 2. 乌兰企业组织结构与岗位制度 3. 乌兰国际大酒店餐饮部情况 4. 乌兰国际大酒店餐饮部职业岗位要求	能够根据饭店实际确定饭店的类型、性质、管理体制等	16 理论

续表

序号	模块	知识技能点	教学目标	学时
2	餐饮基础操作六大技能	1. 托盘服务 2. 餐巾折花 3. 摆台 4. 上菜 5. 分菜 6. 斟酒服务	能够熟练掌握餐饮基础操作六大技能，独立完成餐饮摆台	60 实践
3	餐饮产品知识	1. 中国八大菜系 2. 西方国家菜肴特色 3. 中西餐酒水搭配 4. 饮食营养搭配 5. 酒店招牌菜品、酒水详情	能够在实际工作中了解菜品、酒水价格，能够为客人进行专业的菜品介绍，提出合理的酒水搭配建议	24 理论
4	餐饮服务流程	1. 中餐零点服务 2. 西餐零点服务	能够熟练掌握餐饮服务流程，独立完成餐饮对客服务	40 实践
5	餐饮服务用语	1. 礼貌用语 2. 营销用语 3. 服务用语	培养训练学生语言表达能力和对客服务能力，提高餐饮服务质量	8 网络
6	餐饮服务礼仪	1. 迎送客礼仪 2. 蹲姿奉茶礼仪 3. 服务站、走姿礼仪等	能够了解和掌握服务礼仪内涵和意义，在实践中合理运用	16 网络
7	餐饮事件处理	1. 事件处理 2. 投诉处理（案例教学） 3. 餐饮服务质量管控与提高	训练学生语言表达及应变能力，面对客人提出的疑问及投诉时能合理表达及处理	16 网络

4. 课程实施

4.1 教学与师资要求

"现代学徒制"工学结合人才培养模式的实施,要求必须具备设施设备完善、环境贴近真实工作场景的实训基地;同时,要有一支具有先进的职教理念、扎实的理论功底、熟练的实践技能、缜密的逻辑思维能力、丰富的表达方式的教师队伍。为保证人才培养目标的实现,本课程教学依托"现代学徒制"模式平台,具备校内外实训基地,充分满足学生实训场地与氛围环境要求。同时,本课程结合校内专任教师与企业导师,充分发挥学校理论优势与企业实操优势相结合,实现共同学习、共同培养酒店餐饮服务人才的目标。

4.2 教学方法建议

第一,教师应该深入研究学生,用各种方式激励学生学习,如实景模拟训练、案例讨论分析、PBL(problem-based learning,问题导向学习)教学法,不断鼓励学生战胜自己、超越自我。教学立足于培养学生的职业能力,采用项目式教学,逐项分阶段分层次考核,促进学生学习。采用现代化教学手段(如:蓝墨云班课)和实用教具,组织学生学习比赛,激发学生学习的兴趣。

第二,教师应具备理论讲解和实践指导能力,组织现场教学,师生互动,指导学习者完整地完成项目,并将有关知识、技能和职业道德与情感有机融合。教师应当按照技能项目的学习目标编制项目任务书,当中明确教师(或师傅)讲授(或演示)的内容,明确学习者预习的要求,提出该项目整体安排以及各课题训练的时间、内容等。

第三,加强课程资源的开发和利用,建立多媒体课程资源库,努力实现多媒体资源共享。同时,要积极总结课程实施中的经验教训,使课程改革成为教学中永恒的主题。

4.3 教材选用或编写

教材以企业活页式培训手册为基础进行整理编辑，应充分体现学生发展为本、能力本位、实践导向的课程设计思路，文字表达以学生能懂为基准，内容展现应图文并茂，讲究直观性、艺术性和生活性，重视现代教学手段的运用，精心设计学习过程，着力提高学生的主动性和积极性。编写过程中尽量使用新标准、新规范，充分体现新知识、新操作，紧扣企业需求和发展趋势。

5. 教学评价与考核要求

课程评价体系体现能力本位，将传统以结业考试为主的评价方式改为分阶段分层次的过程性考核。结合学生课堂出勤、作业成绩、课堂表现、理论试卷情况等，注重平时采分，综合评价学生成绩。考核中注重学生技术技能的掌握及分析解决问题的能力。

本课程按照百分制进行考核，根据课程特点，在课程总成绩评定中，过程考核比例占 60%，期末理论考核比例占 40%。

其中，出勤考核 10%，每迟到一次（10 分钟内）扣 1 分，无故缺勤含迟到 10 分钟扣 2 分，该项考核累计最多扣 10 分。

课上表现 10%，正确回答问题一次记 1 分，得到客人书面表扬信一次记 2 分，该项考核累计最多记 10 分。

作业实践工作完成质量考核 10%，学生作业完成质量成绩取作业完成的平均数，每次按照所布置任务的题目及考核标准分出优秀、良好、中等、及格、不及格五个档次。优秀 5 分，良好 4 分，中等 3 分，及格 2 分，不及格 0 分。

实训技能考核 30%，主要考核学生积极参与的能力及技能掌握的熟练程度。按照实训报告标准进行评分考核。学生实训技能考核成绩取其所有技能的平均数，每次实训技能考核按照技能达标标准分为优秀 5 分、良好 4 分、中等 3 分、及格 2 分、不及格 0 分。

期末考核 40%，主要考核学生知识技能的掌握和独立上岗服务能力。根据实际表现由师傅及指导教师进行打分。

岗位 2：前厅服务

1. 课程概述

1.1 课程性质与作用

课程的性质：《酒店基础服务技能——前厅服务》是酒店管理专业的岗位技能核心课程，是校企合作开发的基于工作岗位标准和技能的课程，采用学徒在岗学习、师傅在岗指导的方式，开设在专业群平台课程之后，是学徒迈向工作岗位的基础技能课程。

课程的作用：根据人才培养目标，结合酒店管理专业学生实际情况，以职业岗位工作分析和岗位标准为依据，从培养学生的基础服务技能入手，使学徒尽快熟悉岗位职责，培养服务意识，掌握扎实的服务技能，从而尽快融入工作角色，为后续的职业能力提升、职业发展及管理能力的培养奠定基础。

本课程是酒店管理专业岗位技能核心方向课程之一，与餐饮服务、客房服务共同组成酒店基础服务技能模块，是学徒岗位能力起步基础，将与后续课程《酒店服务技能综合训练》《领班业务技能》相连，构成酒店管理专业的核心课程链条，确保人才培养目标的顺利实现。

1.2 课程基本理念

本课程根据岗位实际工作标准，以工作过程为导向，以服务技能和职业素养培养为核心，采用学徒在岗学习、师傅在岗指导的课程模式。确定"校企共建、任务教学、学做合一"的课程设计理念。为了实现课程目标，本课程坚持终身学习的教育观、能力本位的质量观、行动导向的教学观、校企合作的课程开发观。

终身学习的教育观：把教育的对象变成自己教育自己的主体，使学生掌握终身学习的能力；师傅和专业教师从传授者变为引导者，是学习过程的组织者和协调人。重视学生的学习权，使"教学"向"学习"转换。改变传统的以"教"为中心的教学方法，而以"学"为中心。坚持"授人以鱼不如授人以渔"的理念。在教学中，以工作任务承载技能知识，让学生在自己"动手"的实践中掌握职业技能、习得专业知识，从而建构属于自己的经验和知识体系，获得终身学习的能力。

能力本位的质量观：本课程的目标是职业能力开发，课程设计以胜任岗位工作为导向，培养学生不仅成为社会需要的"专业岗位人才"和"职业人"，更要成为能生存能发展的"社会人"。不仅仅使学生获得实用的职业技能，更要获得内化的职业能力，以使学生在今后变动的职业生涯中有能力不断获得新的职业技能和职业资格，不断提高自己，创造更广阔的发展空间。

行动导向的教学观：本课程是一门实践性课程，在课程实施中遵循行动导向的教学观。行动导向的教学遵循"资讯、计划、决策、实施、检查、评估"这一完整的"行动"过程。本课程的学习强调"为了岗位工作而学习"和"通过岗位工作来学习"，强调工作过程与学习过程的统一。

校企合作的课程开发观：为了给学生创造真实的工作环境，学校与行业专家合作开发课程，利用学校和企业两种教育资源，创设课程实施条件；共同研究确定人才培养目标和培养计划；共同开发典型工作任务和教学方法；合作建设教材和教学资源，共同制订学生考核评价办法等，使课程与实践紧密结合。

1.3 课程设计思路

本课程设计按以下思路进行：以校企深度合作共同设计为基础，以岗位职业能力标准为课程核心，以工作项目构建课程结构，以工作任务程序化课程内容，以完成工作任务为教学过程，实行教、学、做一体化教学模式。

本课程以职业能力的培养为重点，以行动为导向，在课程专家、专业教师、企业师傅的共同配合努力下，通过对前厅接待岗位工作任务的分析得出应具备的职业能力，把工作过程设计成项目学习过程，以工作任务承载知识，通过基础理论、技能操作、角色扮演、创设情境、创新设计、案例分析、任务教学等多种教学方法，在完成工作任务过程中进行学习，通过项目、任务培养学生职业素养的养成。课程建设实行"校企共建"方式，与企业师傅、管理人员共同制定人才培养方案，共同进行教学评价，共同开发课程体系，共同建设实训场所，共同打造教学团队，共同构建企业、学校、学生三方共赢的长效机制。

2. 课程目标

课程总目标：根据课程定位和人才培养方案，将本课程定位于培养具有良好服务意识、职业道德和敬业精神，掌握酒店前厅服务的技能和基本理论知识，具备酒店一线接待服务能力和出色的沟通交流能力以及灵活应变能力的高素质技能型人才。

2.1 专业能力目标

（1）掌握前厅服务工作的基础知识（服务礼仪与服务用语、酒店产品、旅游资讯等）；

（2）熟悉前厅的各岗位工作流程；

（3）掌握前厅接待员各项业务标准化处理技能，热情、熟练地开展对客服务；

（4）具有分析问题和解决问题的能力，能正确处理前厅运行中的各种突发事件；

（5）能熟练操作前厅信息系统软件。

2.2 方法能力目标

（1）具备现场控制、组织协调的能力；

（2）具备自主学习能力，具有终身学习能力；

（3）具有较强的语言表达能力和良好的沟通能力；

（4）能通过各种学习资源查找所需信息；

（5）具有信息收集、分析与判断能力及快速决策能力；

（6）具有制定、实施工作计划的能力；

（7）具有较强的英语听说能力。

2.3 社会能力目标

（1）培养良好的服务意识和吃苦耐劳的精神；

（2）培养职业道德与敬业精神；

（3）培养团队协作与责任担当精神。

3. 课程内容与要求

本课程主要采用项目教学和任务教学。依据前厅的工作任务、工作过程的行动体系，打破原有理论体系的课程内容的组织形式，重新整合、程序化，构建"以工作过程为导向，以岗位任务为载体"的课程结构，贯彻"以典型工作任务为主线,以职业能力为核心"的指导思想,开展项目教学,教学内容的组织与项目工作过程相一致。按照实际的工作过程,分析各阶段所需的知识、能力及对素质的要求,对内容进行有效的整合和优化重构,从而形成了具体的工作任务,具体如下。

学习项目与任务			参考学时
项目名称	项目描述	任务	180
模块一 前厅岗前认知	带领学徒熟悉前厅部工作环境,认知酒店主要产品,具备上岗前的相关基础知识,掌握各岗位职责等	任务一:前厅工作环境	10
		任务二:前厅岗前培训	10
模块二 前厅对客服务	训练学徒掌握预订服务、礼宾服务、入住接待服务、住店服务、收银服务等标准化服务技能,能进行中英文对话,并能熟练进行前厅信息系统软件的上机操作	任务一:客户资料的建立与管理	16
		任务二:预订服务	16
		任务三:礼宾服务	16
		任务四:入住接待服务	16
		任务五:在店服务	16
		任务六:收银与离店结账服务	16
		任务七:账目核查与交接班	16
		任务八:贵宾服务	16
模块三 前厅例外事件应变与处理	训练学徒处理客户投诉、处置突发事件和例外情况的思维能力和协调应变能力	任务一:宾客关系管理	16
		任务二:突发事件与例外情况的处置	16

4. 课程实施

4.1 教学模式

根据人才培养方案和课程要求,课程重点培养学徒的岗位基础服务能力和素养,课程学习采用"教、学、做、测一体化"模式。依据酒店前厅实际工作要求设计工作任务,教学过程全部以"任务单"形式组织教学。围绕一个任务或项目边学边练,在真实工作情境下实现"做中学""学中做",学习岗位与工作岗位统一,教学内容与工作内容统一,理论教学融于实践教学之中,让学徒在完成工作任务过程中掌握完成工作任务所需的知识、能力和素质。同时在完成工作任务过程中测试学生完成工作任务应具备的知识、能力和素质。

4.2 教学方法与手段

本课程是教学做一体化课程,主要采用在岗学习的方式,根据岗位工作内容和标准及项目或任务内容分别采用讲授法、案例分析法、岗位观察法、调研了解法、网络微课学习法等方法进行学习。

(1)讲授法

师傅在岗讲授与教师课堂讲授有本质上的不同。首先,学习者的身份是学徒,是承担实际工作任务的准员工,带有很强的目的性,学习动力大大超出课堂中的学生。其次,学习者所处的是真实工作岗位环境,促使其始终保持紧张的工作状态,并时刻意识到自己的在岗角色,潜移默化地提升岗位素质。再次,主导学习过程的师傅是学习者的领导或较权威的同事,与学徒同吃同住同工作,师傅的带教是真正意义上的言传身教,对学徒的影响力远远超过课堂中的教师。最后,在岗讲授紧接着的环节就是在岗训练与实际工作,师傅可以及时观测到学徒的学习进展情况,并随时在岗位上给予指导和帮助，并根据学徒整体掌握情况机动调节教学计划与内容，确保完成教学任务，实现教学目标。

（2）岗位观察法

第一，学徒在岗学习，可以就教学项目任务对正在工作的老员工进行观察，并与自己服务操作过程相对比，相互印证体会，可大幅提升学习效果。

第二，学徒在岗学习，可以对客房产品与服务、餐饮产品与服务进行实地观察与了解，从而增强销售接待服务中的自信与准确介绍，有效提高服务效率和质量。

（3）案例分析法

通过一个具体案例，引导学生对这些特殊情景进行讨论。在教学过程中，突出案例的运用，尤其是刚刚发生在岗位工作的案例，正面积极的案例可以启发和引导学徒，举一反三，启发学徒找到更多的解决问题的方法和服务手段，而负面失误的案例可以让学徒直观体会工作失误的严重后果，这种教育警示意义会让学徒记忆深刻，从而在以后的工作中大大降低失误的概率。要特别注意培养学徒解决实际问题的能力，注意启发学徒的创造潜能，重视解决问题的过程。

（4）调研了解法

实际的岗位工作中，顾客满意的服务需要全体部门通力配合，需要大量的内部协作。因此，通过调研了解法，可以锻炼学徒的沟通能力，迅速建立内部和谐人际关系，为后续工作中的协作配合奠定良好的基础。

（5）网络微课学习法

现在的学徒更喜欢在网上沟通交流，因此，网络微课已成为更加合适的学习方法。针对在岗学习无法对基础理论知识进行系统学习的缺点，恰好可以使用网络微课进行弥补，同时对于较为复杂、难度大的服务操作过程，可以使用微课的视频演示予以强化和巩固,从而使预习和复习更加可控和有效。

4.3 教材的选用与编写

本课程主要学习教材由企业管理人员和学校专业教师共同创编,以企业实际工作岗位内容和标准要求为起点,吸收和借鉴优秀高职高专的国家规划教材内容,充分体现任务驱动、岗位标准的课程设计思路,形成独具特色的企业学徒课程培训教材。参考教材有《酒店前厅服务与管理》(牛自成等主编,中国科学技术大学出版社)、《酒店英语口语》(张倩等编著,广东经济出版社)、《酒店管理系统使用手册》等。

5. 教学评价与考核

5.1 评价考核形式

本课程为岗位技能考核课,总成绩按照百分制进行考核。根据课程学习的方式和特点,课程成绩分布情况如下。

① 岗位技能考核 60%:主要从服务仪态、服务用语、系统操作三个方面考核学徒对前厅预订、入住、收银离店、礼宾问询等服务项目的掌握情况。

② 职业素养考核 20%:主要考核学徒的平时出勤、服务态度、学习态度、团队协作及日常行为表现。

③ 网络学习考核 20%:主要考核学徒对前厅服务的基本理论知识的掌握程度以及开拓创新能力、营销策划能力。

5.2 主要考核标准

前厅接待服务技能考评标准

项目	操作程序及标准	分值
办理入住 (32分)	宾客抵达前台,及时接待	2
	主动热情地问候宾客	2
	办理登记入住手续高效、准确无误	4

续表

项目	操作程序及标准	分值
办理入住 （32分）	确认宾客姓名后，至少在对话中称呼宾客3次	2
	提供所有符合宾客要求房型的信息，正确描述房型差异（位置、大小、设施、房价、优惠政策），记录宾客的特殊要求	4
	与宾客确认离店日期与时间	4
	主动询问宾客是否需要行李服务	2
	为宾客介绍早餐地点与用餐时间	4
	为宾客指引电梯位置，或请礼宾员为客人服务	2
	祝愿宾客入住愉快并留下前台电话号码	2
	将宾客信息及时录入系统	4
问询服务 （24分）	接听电话时正确问候宾客，同时报出所在部门	2
	如宾客走到礼宾台，热情友好地问候宾客	2
	礼宾台上备有酒店各项服务与业务的宣传册	2
	提供地图并为宾客准确指引位置	2
	所有宾客留言、传真或宾客要求的物品都能按要求及时送到	2
	所有留言都记录清晰、易懂，并记录在酒店专用纸上	2
	熟悉酒店各项服务与产品，包括餐饮、娱乐等信息	4
	熟悉酒店周边环境，熟悉城市信息，包括当地特色商品、旅游景点、购物中心、文化设施、餐饮设施等信息	4
	委托代办业务效率高，准确无差错	4
预订服务 （24分）	在正常情况下，电话铃响3声内接听	2
	接听电话时使用标准问候语，语音清晰，态度亲切	2
	询问宾客姓名及其拼写	2
	确认宾客抵离时间	2
	询问宾客是否需要交通接送服务	2
	提供所有符合宾客要求房型的信息，正确描述房型差异（位置、大小、设施、房价、优惠政策）	4

续表

项目	操作程序及标准	分值
预订服务 （24分）	如该日期无宾客需要房型，主动提供其他选择	2
	询问宾客电话地址或其他联系方式	2
	通话结束前确认所有预订细节	4
	通话结束向宾客致谢	2
英语口语 （20分）	10道英语问题，每题1分，回答正确共得10分	10
	讲究语言艺术，英语表达能力较强，语言流畅	5
	理解力、灵活应变能力强	5
共计		100分

6. 课程实施条件

6.1 师资条件

本课程由学校专业教师与企业师傅共同组建的"双师型教学团队"执教，企业师傅要求是酒店内具有丰富工作经验和勤勉严谨敬业精神及优良的工作生活作风的一线员工和基层管理人员，经过自主申报、企业和学校共同考评聘为酒店基础服务技能课程师傅后可以进行带教。学校派出的专业教师至少有一年企业工作或挂职锻炼经历，对企业文化和环境有深刻认识体会。

课程学习中，将以企业师傅为主进行服务技能、业务操作技能的传授，学校专业教师则通过网络教学指导、集中性专题讨论等形式讲授前厅服务基础理论知识，并引导和启发学徒的创新思维，提高学徒分析问题、解决问题的能力。

6.2　实践教学条件要求

酒店要为课程的教学提供真实的工作环境、岗位，并设置学徒专用工位，配备模拟数据系统等满足学徒在岗实践学习的需要。学徒专用工位可在业务空闲阶段进行模拟训练操作，而在业务高峰期转换为实际接待工位，缓解接待压力的同时锤炼学徒实际工作能力。

6.3　课程资源的开发与利用

本课程将关键的理论基础知识和服务操作过程中的重点、难点制作成微课，通过"学习通"网络教学平台组织学生进行学习，学校专业教师进行网络指导，同时通过网络教学平台引导学生利用辅助教学资料和网络资源，通过互联网等进行课外充电，利用学生对网络的积极性，让学生在网络上吸取相关知识，提高学生的实际调查、分析问题的能力。目前已为学生提供部分国内外酒店集团、精品课网站和酒店管理网站，合作企业自有或采购的培训网络课程，提供给学生日常自学、培训使用。

岗位3：客房服务

一、课程性质

"客房服务"是酒店管理专业学生的核心专业课程，由企业主导授课，企业师傅在岗带教完成。课程的主要任务是学习饭店客房清扫与服务的基础知识、基本技能以及客房清扫与服务创新，训练饭店客房清扫与服务的操作技能，培养从事饭店客房服务工作、适应行业发展与职业变化的基本能力，在岗位工作中锻炼客房清扫与服务优化及创新能力。

本课程是依据《酒店管理专业工作任务与职业能力分析表》中客房服务工作项目设置的。该课程项目设计以饭店客房部的工作任务与职业能力为线索来进行，依据学生的认知特点和可持续发展需求，充分体现任务引领、工作过程导向的设计理念，让学生在完成具体项目的过程中学会完成相应工作任务，并构建相关理论知识，发展职业能力。同时，又充分考虑住宿业态的创新与发展要求，坚持立德树人，注重学生综合素质提升、创新创业能力培养以及学生可持续发展的要求。在教学过程中，通过校企合作、校内实训基地建设等多种途径，工学结合突出实践，充分开发学习资源，为学生提供丰富的实践机会。教学效果评价采取过程评价与结果评价相结合的方式，通过理论与实践相结合，重点评价学生的职业能力和综合素质。课程设计理念符合职业性、实践性和开放性要求，符合工作过程与方法的思路要求。

《酒店基础服务技能——客房服务》课程的总学时为144学时，学分为9分，在酒店客房服务员岗位上进行为期3个月左右的学徒学习。

二、课程目标

（一）知识目标

掌握客房清扫与服务的基本内容与方法，掌握客房清扫与服务的核心要素、工作流程及对客服务标准。

（二）能力目标

能够胜任酒店客房清扫与服务实践工作，具备提供标准化对客服务的能力以及个性化服务的创新能力，能够养成独立分析问题、解决问题的能力，满足饭店对客房专业化人才的需求。

（三）素质目标

培养善于分析、勤于学习的精神，具备不断探索、创新能力，具有酒店从业人员所应具备的基本理论与实践素质。

三、课程内容和要求

序号	工作任务/项目	课程内容和要求	参考课时
1	客房认知	1. 认识客房 2. 认识客房部 3. 认识客房部员工	24
2	客房清洁与保养	1. 清洁保养的标准及质量要求 2. 清洁剂和清洁设备 3. 客房的清洁保养 4. 客房中式铺床	80
3	公共区域清洁保养	1. 公共区域清洁保养规程 2. 硬地面清洁保养 3. 软地面清洁保养	36
4	客房对客服务	1. 对客服务模式与特点 2. 常规对客服务项目与规程 　客房迎送服务 　开房门服务 　夜床服务 　洗衣服务 　小酒吧服务 　擦鞋服务 　醉酒服务	40

四、考核评价

评价方式：形成性考核 70%+ 终结性考核 30%。

形成性考核以完成工作任务的态度及成果进行考核，考核内容包括对客房清扫与服务的学习态度、对客房职业的正确认知、客房清扫与服务各项实训内容的掌握程度及创新能力的表现；终结性考核是在课程结束时对重要知识进行的理论考核，包括基础理论、基本技能以及客房服务创新设计。

五、课程资源及使用要求

（一）师傅条件要求

本课程要求带教师傅具有 2 年以上客房服务工作经历，具备相关客房服务与管理实践知识和能力，身心健康，乐于带教，具备一定的教育学、心理学基本知识，并能运用在实际带教过程中。

（二）在岗教学条件要求

（1）多媒体培训室、员工图书阅览室。

（2）客房实训室。

（三）教材选用

本课程结合课程内容和高职高专学生特点选用或编写教材。教材充分体现课程设计思想，以项目为载体实施教学。项目选取要科学，项目之间逻辑结构清晰，并形成系列，能支撑课程目标的实现，突出职业能力的培养与提高，同时要考虑可操作性。

六、课程实施建议及其他说明

（一）课程实施方案

课程目标的实现通过情境创设、仿真模拟、案例分析、认识实习、岗位体验等教学方法，以校内实训基地和校外实训基地为实习场所，教、学、做三者结合，强调学生在"做"中"学"。

1. 树立学生对饭店客房工作的正确认识，培养学生对客房服务、专业客房技术、客房管理的兴趣，塑造正确的服务与管理理念。

2. 应加强对学生实际职业能力的培养，强化基于工作过程的案例教学和任务教学，注重以任务引领型项目激发学生兴趣，使学生能通过典型任务的完成熟练掌握客房清扫与服务技能。

3. 师傅应尽可能由浅入深地讲授客房专业知识，并结合饭店实际案例加深学生理解。

4. 应注意职业情境的创设，以多媒体、录像等教学方法提高学生分析问题和解决实际问题的职业能力。

5. 师傅必须注重更新服务与管理理念，为学生提供自主发展的时间和空间，积极引领学生提升职业素养，努力提高学生的创新能力。

6. 师傅应注意培养学生对客房产品设计钻研能力，以任务型活动组织学生完成不同的客房清扫与服务创新。

（二）师傅带教计划

项目1：客房认知	学习目标	◆ 认识客房 ◆ 认识客房部 ◆ 认识客房部员工
学习任务	内容描述	教学方法与建议
1. 认识客房	● 正确认识客房 ● 熟悉客房类型	参观培训
2. 认识客房部	● 了解客房部的机构设置与作业分工 ● 明确客房部业务运行特点	参观培训
3. 认识客房部员工	● 了解客房部各岗位职责 ● 明确客房部员工的素质要求	集中培训

续表

项目2：客房清洁与保养	学习目标	◆ 清洁保养的标准及质量要求 ◆ 清洁剂和清洁设备 ◆ 客房的清洁保养
学习任务	内容描述	教学方法与建议
1. 清洁保养的标准及质量要求	● 正确认识清洁保养工作 ● 明确清洁保养的标准与质量要求	工作现场集中培训
2. 清洁剂和清洁设备	● 选择合适的清洁剂 ● 配备适用的清洁器具	工作现场集中培训 师傅岗位带教
3. 客房的清洁保养	● 客房每日清洁保养 ● 清洁准备工作 ● 走客房清洁流程 ● 住客房清洁要求 ● 其他房态清洁事项 ● 客房计划卫生 ● 客房消毒方法	工作现场集中培训 师傅岗位带教
项目3：公共区域清洁保养	学习目标	◆ 公共区域清洁保养规程 ◆ 硬地面清洁保养 ◆ 软地面清洁保养
学习任务	内容描述	教学方法与建议
1. 公共区域清洁保养规程	● 公共区域清洁保养的范围及工作要求 ● 清洁工具的使用与保养	工作现场集中培训 师傅岗位带教
2. 硬地面清洁保养	● 了解大理石地面每日清洁保养方法 ● 了解镜面操作流程	工作现场集中培训 师傅岗位带教
3. 软地面清洁保养	● 了解地毯干洗方法与操作流程 ● 了解地毯水洗方法	工作现场集中培训 师傅岗位带教

续表

项目4：客房对客服务	学习目标	◆ 对客服务模式与特点 ◆ 常规对客服务项目与规程
学习任务	内容描述	教学方法与建议
1. 对客服务模式与特点	● 了解客房服务的特点 ● 熟悉不同对客服务模式的优缺点	集中培训 师傅岗位带教
2. 常规对客服务项目与规程	● 掌握迎送服务流程，能独立进行服务 ● 掌握夜床服务流程和操作，能独立服务 ● 掌握洗衣服务流程和操作方法 ● 掌握小酒吧服务操作流程和注意事项 ● 掌握醉酒服务要点和要求 ● 掌握擦鞋服务流程和操作方法	集中培训 师傅岗位带教

（三）课程资源开发

1. 经过积累和整理，编制酒店职业技能活页式培训手册，便于师带徒的开展。

2. 进一步开发多媒体教学光盘，通过各活动的设计、模拟与参与，使学生的主动性、积极性和创造性得以充分调动。

3. 加强课程资源建设，充分利用电子书籍、电子期刊、数字图书馆、校园网、各大网站等网络资源，使教学内容从单一化向多元化转变。

（四）教学模式

本课程针对来源于企业实践的、典型的职业工作任务，紧紧围绕学生在校学习与实际工作的一致性和行动导向原则进行教学模式设计，在培养岗位实际工作能力的同时，促进学生关键能力的发展和综合素质的提高。

① 工学交替。课程教学整体上注重工学交替，师傅现场带教，以工促学。

② 任务驱动。将教学内容整合，注重工作过程的整体性，让学生在完整、综合的真实任务行动中学习知识，体验实践。

③ 项目导向。在教学与实践活动中，以项目为导向，师徒通过共同实施一个完整的具有实际应用价值的"项目"工作而进行教学活动。

（五）教学方法与手段

① 集中培训讲授法：主要应用于学生学习基础知识的初级阶段，要为学生学习创设一个合适的情境氛围，增强学生的学习兴趣和意识。

② 师傅操作示范法。通过师傅现场直观的示范、演示，有利于学生对专业服务技能操作的掌握程度，也增强了教学内容的实用性，提高学生理论联系实际的能力。

③ 参与式教学法。组建问题攻关小组，选择研究和解决的问题，通过小组讨论、专题汇报、形成方案等方式，让学生参与到服务管理项目过程中，变被动操作为主动调研学习，既有利于提高学生工作学习的积极性、主动性，也有利于学生综合能力的提升和团队合作能力的提高。

④ 案例教学法。在讲解过程中结合案例，加深学生对基本理论的理解和认知。同时将案例分析作为理论知识和分析解决问题能力的检验，也能起到相互启发的效果。同时，案例也会加深学生对饭店、饭店业及专业知识的认识和理解。

⑤ 其他教学手段：现场参观、座谈会、交流互动、专题讲座、观看多媒体、岗位体验、项目作业等教学方式。

客房部中式铺床服务技能考评标准

项目	要求细则	分值
仪容仪表 （5分）	头发干净（男士：后不盖领、侧不盖耳、干净整齐；女士：后不垂肩、前不盖眼、干净整齐）	1
	男剃须，女淡妆	1
	手指甲干净，不涂指甲油	1
	服装整洁，无破损、无卷起、扣子扣好，鞋干净	1
	不戴饰物	1
套枕头2个 （6分）	四角饱满，外形平整、挺括（每角1分）	4
	枕芯不外露，枕套无褶皱，表面平整，自然下垂	2
铺床单 （19分）	一次抛单定位（两次扣2分，三次及以上不得分）	6
	不偏离中线（偏离2厘米以内不扣分，偏离2~3厘米扣1分，偏离3厘米以上不得分）	4
	床单正反面准确（毛边向下，抛反不得分）	2
	床单表面平整光滑	3
	包角紧密平整，式样统一（90度）	4
铺被套 （8分）	一次抛开（两次扣2分，三次及以上不得分），平铺于床面	4
	被套正反面准确（抛反不得分）	2
	被套开口在床尾（方向错不得分）	2
套棉被 （26分）	站于床尾（或床侧）居中位置，一手捏被套，一手捏住被芯两角	3
	将被芯塞入被套，用力抖动，使被芯能全面展开并一次定位平铺于床面（两次扣2分，三次及以上不得分）	4

续表

项目	要求细则	分值
套棉被 （26分）	被套中心不偏离床中心（偏离2厘米以内不扣分，偏离2～3厘米扣1分，偏离3厘米以上不得分）	3
	棉被在被套内四角到位，饱满、平展	3
	棉被在被套内两侧两头平整	3
	被套口平整且要收口，棉被不外露	2
	被套表面平整光滑	2
	棉被在床头翻折45厘米（每相差2厘米扣1分，相差不足2厘米不扣分）	2
	两侧距地等距（每相差2厘米扣1分，相差不足2厘米不扣分），尾部自然下垂，尾部两角应标准统一	4
放枕头 （6分）	枕头中线与床中线对齐（每相差2厘米扣1分，相差不足2厘米不扣分）	3
	枕头开口处与中间床头柜方向相反	2
	两只枕头整齐叠放于床头中间	1
综合印象 （10分）	总体效果：三线对齐，平整美观	5
	操作过程中动作娴熟、敏捷，姿态优美，能体现岗位气质	5
操作时间 （10分）	实际操作：　分　秒 　提前：　分　秒 　超时：　分　秒	10
动作规范 （10分）	无违规动作，若出现选手蹦床、跪床、撑床，每一次扣3分，三次以上（含三次）不得分	10
合计		100分

参考文献

[1] 马良军，刘淑静，段晗晗，等. 国际高层次现代学徒制发展探析——基于英国、德国与美国的比较 [J]. 职业技术教育，2022，43（1）：66-73.

[2] 李梦卿，余静. 德国"双元制"大学的运行逻辑、机制与启示 [J]. 教育与职业，2021（17）：26-33.

[3] 蔡跃，祝孟琪，张建荣. 德国"双元制大学"模式发展现状及趋势研究 [J]. 高等工程教育研究，2019（6）：180-185，200.

[4] 孔臻. 现代学徒制人才培养模式下的高职教学管理体系研究 [J]. 科学咨询（科技·管理），2022（8）：13-15.

[5] 张维辉. 高职院校实施现代学徒制的现状及完善路径研究 [D]. 石家庄：河北科技大学，2020：25-27，52-53.

[6] 黄泽斌. 现代学徒制中的学徒权益保护研究 [D]. 广州：暨南大学，2020：25.

[7] 谢丽萍. 德国"双元制"人才培养模式对我国高职教育的启示 [D]. 唐山：华北理工大学，2018：16-17.

[8] 广东省教育研究院. 现代学徒制专业教学标准和课程标准开发指南 [M]. 广州：广东高等教育出版社，2018：4-6，79-80.

[9] 李学礼. 现代学徒制的研究与实践——基于微电子技术专业 [M]. 北京：电子工业出版社，2021：70-71.

[10] 石永洋. 现代学徒制背景下高职院校"双导师"团队建设改进研究 [D]. 南宁：广西大学，2019：14.

[11] 王珩鑫. 现代学徒制视野下高职院校"双导师"制实施现状研究 [D]. 扬州：扬州大学，2019：16.

[12] 范启亮. 现代学徒制多元学生评价体系的研究 [J]. 科技风，2020（9）：207，210.